DIDACTIQUE

de l'erreur

MARTINE MARQUILLÓ LARRUY

CLE INTERNATIONAL

« On ne bâtit multiformément que sur l'erreur.
C'est ce qui nous permet de nous supposer,
à chaque renouveau, heureux. »

René Char, *Rougeur des matinaux*.

*À Robert Galisson et Claudine Fabre-Cols qui m'ont
plongée tout habillée dans la didactique des langues,
à Jacques Lefebvre et Amor Séoud, pour une petite brise
parfumée de jasmin, et à T. A., per els somnis compartits.*

Réalisation : ALINÉA
Édition : Christine GRALL
© CLE International/VUEF 2003 – ISBN 2-09-033345-6

Sommaire

Présentation 5

PREMIÈRE PARTIE
ERREUR ET NORME : QUELLE LANGUE DE RÉFÉRENCE ?

CHAPITRE 1
Faute et erreur : première approximation à des notions très relatives 11

CHAPITRE 2
Norme et histoire de la langue 18

CHAPITRE 3
Les français d'ailleurs… et ceux de par ici… 29

CHAPITRE 4
Quelle norme adopter en situation d'enseignement ? 38

En conclusion, que retenir pour l'interprétation des erreurs ? 46

DEUXIÈME PARTIE
L'ERREUR ET LA FAUTE

CHAPITRE 5
L'erreur dans le domaine de la psychologie cognitive 49

CHAPITRE 6
L'erreur en didactique des langues et dans les travaux sur l'acquisition ... 55

CHAPITRE 7
L'analyse contrastive (AC) 62

CHAPITRE 8
Les études sur l'analyse des erreurs (AE)
et les recherches sur les interlangues (IL) 71

CHAPITRE 9
Les travaux sur les parlers bilingues (PB) 77

En conclusion, que retenir pour l'interprétation des erreurs ? 81

TROISIÈME PARTIE
INTERPRÉTER LES ERREURS DES APPRENANTS

CHAPITRE 10
Étude de cas n° 1 : l'erreur en contexte
ou « Après la pluie le beau temps ! » 88

CHAPITRE 11
Étude de cas n° 2 : erreur et variation
langagière ou « Du rififi en Turquie » 107

En guise de conclusion (toujours provisoire)… 118

Réponses au questionnaire sur l'erreur 120

Bibliographie 123

Présentation

> « […] Les systèmes "transitoires", c'est-à-dire ceux qui apparaissent au cours de l'apprentissage, sont cohérents et constants. Ce ne sont point des "fautes" au sens habituel du mot, mais des écarts par rapport à la langue des adultes (pour nous celle de la fin de l'apprentissage). Nous définissons donc les "fautes" transitoires comme des relais et même des tremplins vers l'expression juste. »
>
> André Lamy (1976), « Pédagogie de la faute ou de l'acceptabilité », *ÉLA*, 22 : 122.

Ce livre[1] a pour objectif de faire le point sur l'analyse d'erreurs dans le domaine de la didactique des langues étrangères aujourd'hui. Le choix des termes du titre *L'Interprétation de l'erreur* au lieu de **l'analyse d'erreurs** répond au souci d'élargir les domaines de référence et d'application puisque l'expression « analyse d'erreurs » renvoie à un courant particulier de l'acquisition des langues. De même, le sens d'**interprétation** doit être nuancé par rapport aux définitions que l'on peut lire dans les dictionnaires : on ne trouvera pas ici de recette à appliquer car l'interprétation des erreurs est aussi délicate et complexe que celle des rêves. « Interprétation » doit être compris comme « aide à la compréhension ». Cet ouvrage a pour but de répondre à des questions très générales, par exemple : L'apprentissage d'une langue peut-il ou doit-il se faire sans erreurs ? Pour quelles raisons les erreurs se produisent-elles dans l'apprentissage ? Les erreurs peuvent-elles être utiles ? Quelle différence existe-t-il entre « erreur » et « faute » et comment situer ces deux notions dans le domaine de la didactique des langues ? Quels rapports entretient la langue cible (celle que l'on apprend) avec la langue maternelle (ou langue de la première socialisation) ? Quelle norme adopter dans les « réactions » en réponse à des erreurs ? Qu'est-ce que la norme ? Est-elle stable et

---

1. Ce texte respecte les rectifications de l'orthographe de 1990. Rectifications également appliquées aux citations.

comment s'élabore-t-elle ? Voici donc quelques-unes des interrogations auxquelles souhaite répondre cet ouvrage qui s'adresse à des enseignants ou à de futurs enseignants de langue étrangère qui devraient trouver ici quelques points de repère susceptibles de les guider dans leurs pratiques de classe.

La philosophie dans laquelle s'inscrit ce travail voudrait promouvoir une reconsidération et une **revalorisation du statut de l'erreur dans l'apprentissage**. Cette tradition existe depuis longtemps, comme en atteste la citation d'André Lamy, mais elle a sans doute été quelque peu oubliée. Le second point sur lequel nous insistons d'emblée est la nécessité de considérer les **erreurs comme des éléments de systèmes particuliers** qui restent à découvrir et non comme des éléments autonomes et disparates. On y reviendra.

La première partie relativise le concept d'erreur et ouvre une indispensable réflexion sur la stabilisation des langues et la construction de la norme. Les questions des variétés du français et celles des variétés de la norme sont posées. On espère ainsi aider le lecteur à argumenter sa propre prise de position à ce propos : lorsqu'un enseignant labellise un item « erreur », il doit savoir par rapport à quelle norme cette caractérisation a été établie. La deuxième partie, « L'erreur et la faute », entre dans le vif du sujet. Le concept d'erreur est introduit sous l'angle de la psychologie cognitive puis il est envisagé en fonction du statut qu'on lui accorde dans différentes méthodologies d'enseignement/apprentissage des langues. On s'intéresse ensuite à l'évolution de son statut selon les principales théories psycholinguistiques associées à l'acquisition (depuis la *faute* dans l'analyse contrastive jusqu'à la notion de *marque transcodique* dans les parlers bilingues). Cette partie évoque, chemin faisant, les typologies, classements ou grilles d'analyse et d'observation des erreurs qui ont marqué la discipline. Outre les repères historiques, ces exemples ont pour fonction de constituer une sorte de boite à outils dans laquelle les enseignants pourront puiser pour fabriquer leurs propres instruments d'analyse. La troisième partie, « Interpréter les erreurs des apprenants », présente diverses propositions d'analyse à partir de plusieurs corpus de textes résultant de contextes diversifiés.

Last but no least, allégeance. Si l'écriture est un plaisir (et parfois une souffrance) solitaire, elle s'enracine, se nourrit et devient mature grâce aux échanges que l'on partage avec d'autres. Ce livre doit beaucoup à ceux qui, de près ou de loin, ont accompagné ce travail. Qu'ils soient tous remerciés[2], avec une mention particulière pour les moines de l'abbaye de Saint-Martin de Ligugé pour leurs chants grégoriens, et mes étudiants de maitrise dont la bonne humeur et les remarques judicieuses ont permis de nombreuses améliorations.

En guise d'introduction, voici une petite « mise en bouche » à laquelle le lecteur est convié à répondre :

QUESTIONNAIRE ERREUR/FAUTE

1. Qu'est-ce qu'une erreur ? Qu'est-ce qu'une faute ?
2. L'apprentissage d'une langue étrangère peut-il ou doit-il se faire « sans erreurs » ou « sans fautes » ?
3. Pour quelles raisons des erreurs se produisent-elles dans l'apprentissage d'une langue étrangère ?
4. Les erreurs peuvent-elles être utiles dans l'apprentissage ? Pourquoi ? Pour qui : pour l'enseignant ? pour l'élève ?
5. Faut-il corriger toutes les erreurs qui se produisent ?
6. Quelle hiérarchie établir dans la gravité des erreurs ?
7. Les ressemblances entre les langues constituent-elles une aide ou une entrave ?
8. Est-il dangereux de présenter des erreurs dans la classe ?
9. Souvenez-vous d'une erreur qui vous a appris quelque chose...

(Des propositions de réponses se trouvent à la fin de l'ouvrage avant la bibliographie.)

---

[2]. R. Amiot, A. Bardoulat, M. Bernat, H. Besse, P. Cappeau, H. Charles, J.-L. Chiss, I. Guérineau, A. Grosbon, M. Matthey, D. Moore, G. Mornet, M. Mougenot, S. Plane, V. Spaëth, P. Wass... Merci aussi à Michèle Grandmangin pour sa confiance et sa patience, merci enfin à ceux qui n'ont pas ménagé leur peine et que j'oublie de mentionner ici.

PREMIÈRE PARTIE

Erreur et norme : quelle langue de référence ?

« Les critères d'identification des erreurs, souvent imprécis ou superficiels, sont très divers et parfois – notamment pour le français – très normatifs. Cela s'explique soit par les conditions d'enquête, soit par l'absence d'objectifs précis, soit par la reproduction dans l'enquête de normes pédagogiques restrictives imputables à l'enseignement ou aux enquêteurs eux-mêmes, comme par exemple le refus de considérer comme "correct" tout énoncé ou toute forme n'appartenant pas au mythique "français standard". »

Rémy Porquier (1977),
« L'analyse des erreurs. Problèmes
et perspectives », *ÉLA*, 25 : 24-25.

Si l'on admet comme définition provisoire que l'erreur est un écart par rapport à une norme, et si l'on souhaite que l'erreur ne soit pas perçue comme le stigmate d'un échec, mais comme un indice transitoire – d'un stade particulier – dans une trajectoire d'apprentissage, alors il est nécessaire de commencer par interroger, d'une part, ce que l'on considère comme une erreur et, d'autre part, ce que recouvre le concept de norme ou de langue de référence.

Il faut le dire et le répéter : il est normal, naturel, en cours d'apprentissage, de produire des erreurs. Laissez-les vivre ! (les erreurs) et laissons-leur le temps d'apprendre ! (aux apprenants). Afin de dédramatiser l'erreur, le premier chapitre tentera d'en faire percevoir le caractère relatif par l'exemple de modulations du contexte dans lequel l'erreur s'insère. Les autres chapitres seront consacrés à la langue de référence. Le détour par quelques éléments marquants de l'histoire de la langue française permettra de saisir combien la norme peut être arbitraire et dépendante de l'action des hommes. On questionnera également des idées reçues comme celles de la pureté ou des représentations comme celle de l'unicité de la langue qui peuvent s'avérer particulièrement pernicieuses pour la détermination des erreurs. L'accent mis sur l'histoire et sur les variations a pour objectif de déjouer les réflexes puristes qui se réfèrent toujours à un mythique état antérieur de langue dans lequel le fantasme d'une langue pure, homogène et idéale (celle-là même qui est le support du génie de la langue) s'oppose sans appel au désordre et à la décadence contemporaine !

Cette première partie se terminera par une réflexion sur la norme où seront aussi convoquées les notions d'acceptabilité, de grammaticalité, d'interprétabilité, de norme endogène, de système, cela afin de tenter de répondre à une question délicate : quelle norme ou plutôt quelles normes adopter en situation d'enseignement ?

CHAPITRE 1

Faute et erreur : première approximation à des notions très relatives

Saussure aurait dit : « Le point de vue crée l'objet. » La norme et le statut de l'erreur dans l'apprentissage, loin d'être neutres, sont fonction de la théorie sur laquelle on s'appuie pour les appréhender. Merkt signale à ce sujet qu'*autour de la notion de déviance, il serait possible de construire toute l'histoire de la linguistique appliquée à l'enseignement de langues* (Merkt, 1993 : 55). Par ailleurs, la bibliographie analytique de Bernd Spillner recense 5 398 titres consacrés à l'analyse d'erreurs ! C'est dire si c'est un secteur qui a inspiré et préoccupé les chercheurs.

> **Interlude**
> J'ai appris, trop tard, qu'il y avait *pêche* et *pêche*, *pêcher* et *pécher*, la *pêcheuse* et la *pécheresse*, et cette *peccadille* a été jugée cas *peccable*...
> Mai, mon paire, ce n'et pas la le pirre : à présant je me trouble. Loin de m'inspiré le dézir de bien fer, la séveritté que l'on a montrer en vers moi en me préssi pitant aux enfers me faient retombé sans sesse dans mes ereurs, tombé de fôte venielle en fôte mortelle, et de fôtes mortelles en pêchers originels.
>
> Nina Catach (1989), *Les Délires de l'orthographe*, Plon, 39.

La **faute**, parce qu'elle est présente dès le seuil du texte biblique fondateur, fait partie des référents culturels familiers de la civilisation judéo-chrétienne. Quelle que soit l'interprétation qu'on lui donne, la faute originelle se trouve associée au péché, à la culpabilité. Le motif, on le sait, est récurrent dans la littérature française de Racine à *La Faute de l'abbé Mouret* de Zola, jusqu'aux œuvres d'écrivains contemporains tels que Jean Genet ou Annie Ernaux. À l'origine de cela, nous dit Marie-Françoise Canérot, une dissociation qui semble impossible : « la littérature ne peut se passer de l'homme et donc de la faute » ; de même, pour Pierre Danger, « être coupable, c'est être homme, et dire sa faute, c'est dire que l'on est homme » (Canérot, 1991 : 4). Cette « obsession de la faute », faite de désir et de répulsion mêlés, engage la littérature occidentale dans un double élan qui cherche à la fois à exorciser la faute et à la perpétuer (*ibid.*).

Il est probable que ce rapport – ou cette idéologie de la faute – dépasse le strict cadre de la littérature pour imprégner d'autres domaines de la vie sociale et en particulier celui de l'enseignement qui nous préoccupe ici. Cet arrière-plan culturel explique peut-être pourquoi, dans une étude internationale récente, les élèves français sont ceux qui acceptent le moins de « commettre » des erreurs : on constate, à l'encontre des autres nationalités observées, que les Français préfèrent s'abstenir de répondre plutôt que de proposer des réponses erronées (*Le Monde*, 5 décembre 2001). Les frontières des représentations étant poreuses, on peut craindre que le domaine du français langue étrangère (FLE) puisse lui aussi être atteint par cette conception dommageable de la faute.

Dans le domaine de la langue, la notion de faute semble antérieure à l'élaboration des premiers outils qui viennent appareiller les langues. Christiane Marchello-Nizia (1999 : 5) évoque des listes normatives telles que *l'Appendix Probi* qui datent des Ve-VIIe siècles et qui recommandent de prononcer *tabula* et non *tabla* et de dire *exter* et non *extraneus* (étrange), etc. Il en est de même à la Renaissance puisque la distinction entre correct et incorrect semble également précéder l'élaboration de grammaires :

> « Avant même d'avoir rédigé une grammaire, certains auteurs pouvaient avoir une conscience très nette, mais non théorisée, de ce qu'il ne fallait pas dire. Assez tôt le *Traité de l'orthographe gallicane* (1529) puis Dolet (1540) parlent de "faute", notion qu'on rattacherait à tort aux milieux protestants ou de la préréforme : les jésuites auront aussi tendance à la rapprocher du péché […]. Les moqueries à l'en-

contre des paysans, des pédants ou des étrangers dans les farces médiévales ou dans la *commedia dell'arte* témoignent de ce purisme d'usage » (Demonet, à paraître).

Le trait qui différencie la faute de l'erreur dans la culture judéo-chrétienne est la notion de conscience et de caractère volontaire (Ève savait qu'elle ne devait pas croquer la pomme...). Le terme d'**erreur** est culturellement moins marqué, plus neutre, il bénéficie d'une plus grande faveur de la part des pédagogues contemporains qui, à juste titre, souhaitent reconsidérer son rôle et son statut dans l'apprentissage. L'erreur est liée aux probabilités : le calcul d'erreurs est à l'origine mathématique des statistiques actuelles et se trouve associé à cette discipline dès les premiers travaux portant sur les mesures au XVIIIe siècle (Matalon, 1996 : 186). Le philosophe Abraham Moles associe l'erreur à une déviation : errer, c'est cheminer sans direction cohérente, en dehors d'un chemin de référence qui serait la « vérité » (Moles, 1995 : 278). Il distingue deux aspects de l'erreur : tantôt matérielle, tantôt créatrice. L'erreur matérielle, c'est celle du comptable ou de la dactylo. Dans ce cas, la forme juste s'impose avec une telle force que l'erreur apparait comme non conforme à une forme imposée. L'erreur créatrice est celle qui après une série d'étapes semble fausse, provisoire, mais que l'on peut corriger :

> « dans un effort de l'esprit qui est lui aussi un jeu avec la logique vue cette fois comme règle du jeu intellectuel. L'erreur scientifique, l'erreur sociale ou politique entreraient dans cette dernière catégorie des phénomènes imprécis par essence, où la justesse d'une proposition est moins importante que les excitations qu'elle provoque » (Moles, 1995 : 281).

C'est le repérage de ce deuxième type d'erreur que l'on souhaiterait favoriser ici. Dans cet ouvrage, « erreur » sera employé comme terme générique :
– sauf lorsqu'il s'agira de différencier les deux notions (faute et erreur) du point de vue de leur place dans les théories de l'acquisition ;
– sauf lorsque l'on présentera les différentes typologies élaborées dans le domaine de l'erreur.

■ L'INTERPRÉTATION DE L'ERREUR

L'ERREUR : PREMIÈRE APPROXIMATION

Mais qu'est-ce qu'une erreur ? La catégorisation d'un écart comme erreur peut être extrêmement variable selon les situations où les textes sont produits et socialisés. N'y a-t-il pas dans la littérature, par exemple, une stylistique de l'écart ? Dès lors, quel statut faut-il donner à un écart littéraire ? Afin de mieux saisir les implications de ces considérations, observons les textes qui suivent : chacun d'entre eux contrevient à la norme mais de manière différente...

> (a) Il l'emparouille et l'endosque contre terre
> il le rague et le roupète jusqu'à son drâle
> il le pratèle et le libucque et lui barufle les ouillais
> il le tocarde et le marmine
> le manage rape à ri et ripe à ra
> enfin il l'écorcobalisse. [...]

> (b) Quand j'étais petit j'ai craser une tasse, mon frère à entendu. Il descend (la tête) l'escalier, et, trouver la tasse cassée, il m'a appeler et je n'ai pas répondu. Et il m'a appeler encore, je n'ai pas répondu. il me cherche partout. mais il ne m'a pas vu. Il a appeler maman pour lui dire que ton fils a cassée une tasse. Il m'a appeler et j'ai répondu ! Oui ! depuis tout ce (un) temps là, j'ai appeler (des) plusieurs fois et tu ne ma répondu. Après Quelque temps, Maman (est venue) m'a appeler. Elle m'a dit que oliver t'a appeler et tu na pas répondu. Si ton frère ta appeler tu n'a pa répondu je vais te mettre au piquet au coin.

> (c) Voyez-vous monsieur Azerty je réfléchissais tout à l'heure dans la voiture c'est bien une Porsche vous m'avez dit ? Non Chester c'est une Jaguar je vous le répète. C'est pas possible je confondrai toujours enfin bon je vous disais donc que je réfléchissais tout à l'heure voyez-vous quand une femme vous quitte vous ne savez pas ce qu'elle dit ? elle vous dit qu'elle a rencontré un type mieux que vous hé pardi que voulez-vous répondre à cela ? forcément qu'il existe des hommes mieux que vous enfin je ne parle pas pour vous le tout finalement c'est de s'arranger pour que votre femme ne les rencontre jamais vous n'êtes pas d'accord ? Hein ? oui si si !

> (d) Mézalor, mézalor, késkon nobtyin ! Sa dvuin incrouayab, pazordinèr, ranvèrsan, sa vouzaalor indsé drôldaspé dontonrvyin pa. On lrekonê pudutou, lfransê, améfa pudutou, sa vou pran toudinkou unalur ninvèrsanbarbasé stupéfiant. Avrédir, sêmêm maran. Jérlu toudsuit lé

kat lign sidsu, jépapu manpéché de mmaré. Mézifobyindir, sé un pur kestion dabitud. On népa zabitué, sétou. Unfoua kon sra zabitué, saira tousel.

Pour le lecteur qui en ignore l'origine, le premier texte surprend d'emblée par son lexique que l'on ne trouvera pas dans un dictionnaire. Pourtant, par leur morphologie, ces formes peuvent être identifiées comme des verbes appartenant au premier groupe (*emparouiller, endosquer, raguer, roupéter*…). Ce qui irait dans le sens d'une tendance contemporaine qui favorise la domination des verbes du premier groupe, en raison de leur régularité et de la facilité de leur conjugaison[1]. Le deuxième texte s'écarte de la norme par des ratures, par des terminaisons verbales qui sont – certes régulières et oralement acceptables – mais qui contreviennent aux normes de l'écrit (*j'ai appeler*…), par des répétitions et une formulation du discours rapporté discutables… mais que l'on retrouve également dans le texte (c), qui, lui non plus, ne respecte pas les règles usuelles de présentation des alternances de tours de parole à l'écrit (*la voiture c'est bien une Porsche vous m'avez dit ? Non Chester c'est une Jaguar je vous le répète*…). Quant au dernier texte, il frappe par la graphie « orale ». Si tant est que « l'écriture doit présenter à la vue des formes que l'œil doit reconnaitre », c'est le texte (d) qui est sans doute celui qui heurte le plus nos habitudes de lecteur (*on lrekonê pudutou, lfransê*). Son sens n'est accessible qu'au moyen d'une oralisation : stratégie qu'il faut également adopter pour comprendre certains textes d'enfants ou d'apprenants étrangers qui semblent trop opaques au premier coup d'œil (Fabre-Cols, 2001).

Ces considérations relativement « objectives » risquent d'être bousculées lorsqu'on prendra connaissance des sources de ces documents.

(a) : extrait de « Le grand combat » d'Henri Michaux, éd. Marabout.
(b) : texte d'élève d'Haïti, collecté par Robert Lemaire.
(c) : extrait de *Coup de foudre* d'Éric Laurrent, Éd. de Minuit.
(d) : extrait de *Bâtons chiffres et lettres* de R. Queneau, éd. Gallimard.

---

[1]. Louis-Jean Calvet rappelle que le seul verbe du deuxième groupe créé depuis 1992 est « alunir » (Calvet, 2001 : 23).

Exception faite du texte (b), les autres sont légitimés par des instances externes (qui par un nom prestigieux, qui par un éditeur reconnu…). Si l'auteur du dernier texte avait été un élève, on aurait sans doute pu avancer toute la panoplie des remarques aigres sur « la baisse de niveau », sur le fait que les jeunes « ne savent plus écrire la langue française », etc. Sachant qu'il s'agit d'un texte d'un grand écrivain, on ne peut que rester coi. Gageons que le lecteur honnête aura pris conscience de la fluctuation de son degré de tolérance aux écarts de ces textes… et peut-être que l'indulgence aura cédé le pas à l'admiration… car bien sûr, même si le texte de Queneau ou celui de Michaux n'ont de « spontané » que l'apparence, ce petit exercice a rendu saillant le **caractère relatif de la notion d'écart** selon le contexte où l'erreur se produit.

Par ailleurs, il est des domaines des pratiques langagières qui, dans les représentations communes au moins, semblent privilégiés pour susciter des écarts vis-à-vis de la norme. Tel est le cas de l'oralité, comme le rappelle Claire Blanche-Benveniste :

> « Opposer la langue parlée à la langue écrite a longtemps été, pour le grand public, une affaire de combat entre le bien et le mal : langue parlée spontanée, éventuellement pittoresque, mais à coup sûr fautive ; langue écrite policée, témoignant, surtout grâce à l'orthographe, de la vraie grammaire de la langue. La notion même de langue parlée est souvent encore liée aux versants négatifs de la langue : fautes, inachèvements, particularités des banlieues délinquantes, etc. » (Blanche-Benveniste, 1997 : 5).

Des recherches ont également montré qu'un enseignant qui lit une copie d'élève est davantage disposé à y rechercher – et donc à y trouver – des erreurs, que lorsqu'il lit un ouvrage imprimé. Pareillement, on guettera davantage les erreurs chez les enfants ou chez les apprenants de langue étrangère que chez les ministres quand bien même ceux-ci contreviennent à la norme comme tout locuteur. Il est donc nécessaire d'être conscient des **lieux communs** qui affectent et induisent des biais dans notre perception des erreurs. En didactique des langues, la notion d'erreur est délicate à définir, et Rémy Porquier et Uli Frauenfelder considèrent même qu'il est impossible d'en donner une définition absolue :

«L'erreur peut [...] être définie par rapport à la langue cible (point de vue a), soit par rapport à l'exposition (point de vue b). Mais par rapport au système intermédiaire de l'apprenant (point de vue c), on ne peut véritablement parler d'erreurs. On voit alors qu'il est impossible de donner de l'erreur une définition absolue. Ici comme en linguistique, c'est le point de vue qui définit l'objet» (Porquier et Frauenfelder, 1980 : 33).

Mais les erreurs interrogent en amont la conception et le fonctionnement de la norme pour laquelle nous nous intéresserons maintenant à l'aspect historique.

CHAPITRE 2

Norme et histoire de la langue

Ces erreurs renvoient à une norme, mais quelle norme ? Et comment se constitue-t-elle ? Les formes valorisées, « acceptées » ne sont-elles pas celles des groupes sociaux qui ont du prestige indépendamment de ce que serait une adéquation à une norme intérieure au système de la langue ? Les historiens de la langue (Walter, 1988 : 56 ; Cerquiglini, 1995 : 15) rappellent, par exemple, que ce sont les modalités du parler des classes dominantes germaniques qui, bien que non conformes aux usages et aux normes en vigueur, sont devenues la règle. En effet, même si les envahisseurs ont adopté le gallo-roman, c'est en raison de leur position sociale élevée que leur manière de parler (en particulier sur le plan de l'intonation) et de prononcer a fini par être valorisée alors même qu'elle était discordante par rapport au parler habituel des Gallo-Romans. Cette influence germanique se retrouve aussi, encore aujourd'hui, comme le signale Henriette Walter (*ibid.*), dans la variation du traitement de la liaison pour des mots qui commencent par un « h ». Si l'on dit « les hanches » mais « les-z-hommes », c'est précisément parce que des mots comme « hanche » ou « héron » sont d'origine germanique et que, dans ce cas, le « h » correspondait à une consonne produite par une forte expiration de l'air comme dans l'anglais *hair*, alors que le « h » de « homme » provient d'un mot latin (*homo*) dans lequel le « h » n'était déjà plus prononcé au moment de la conquête des Germains.

Cet exemple de l'influence germanique montre que l'établissement de la norme peut résulter à la fois d'influences sociolinguistiques *externes* à la langue (l'intonation particulière de la classe dominante germanique) et de facteurs qui finissent par affecter le système *interne* de la langue (la différence d'origine d'un même signe graphique, la lettre « h », explique des différences de fonctionnement orales qui sont encore en vigueur de nos jours).

On sait par ailleurs que l'un des traits qui distinguent les langues dites « mortes » – comme le latin[1] – des langues vivantes est leur constante évolution. Le linguiste suisse Henri Frei, dans son ouvrage de 1929, *La Grammaire des fautes*, observe comment se produit le mécanisme de changement des langues. Il adopte un point de vue fonctionnel et constate que les incorrections répondent souvent à des nécessités induites par la langue : « Dans un grand nombre de cas, dit-il, la faute, qui a passé jusqu'à présent pour un phénomène quasi pathologique, sert à prévenir ou à réparer les déficits du langage correct » (Frei, 1971 : 19). Ainsi, les fautes lui permettent de décrire ce qu'il nommera « le français avancé », soit un état probable de l'évolution ultérieure de la langue dans laquelle simplification et homogénéisation du système « forcent progressivement les barrages de la norme », selon l'expression de Guiraud (1969 : 40).

Frei détermine ainsi quatre modalités qui illustrent le mécanisme de mutation linguistique. Ces modalités nous intéressent car les mécanismes repérés sont susceptibles de nous permettre de mieux comprendre comment se « fabriquent » certaines erreurs.

a) ***L'assimilation***[2] se manifeste dans un *mécanisme d'analogie* (par exemple, dans : « il n'y a pas péril *en la demeure* » qui signifiait : « pas d'inconvénient à attendre », et qui a évolué vers : « il n'y a pas de danger dans cette maison », en raison de l'analogie avec *demeure*) et dans un *mécanisme de conformisme* qui affecte l'aspect syntagmatique de la langue (par exemple, lors d'un accord erroné, que l'on nomme aujourd'hui « accord de proximité » comme dans :

---

1. Néanmoins, le latin est plus vivant qu'on ne l'imagine par l'utilisation d'affixes lors de la création de termes nouveaux mais aussi par des pratiques marginales mais réelles. À Helsinki, un groupe de jazz à succès utilise comme texte de ses chansons des classiques latins... L'organe du Vatican, *Vox Urbis*, publiait en latin jusqu'à il y a peu : une enquête sur les groupes de musique donnait la palme aux « Lapides provolventes » (les Rolling Stones) et les frites dans une publicité pour de la restauration rapide y étaient nommées : « solana tuberosa in modo Gallico fricta » (Corrêa da Costa, 1999 : 25). Plus sérieusement, on soutient encore des thèses en latin jusque vers 1905 (Perret, 1998 : 50), ce qui montre que le latin a permis l'expression de concepts scientifiques qui n'existaient pas du temps de Cicéron et la nécessité d'utiliser des procédés périphrastiques pour exprimer un seul mot (*cf.* les « frites »).
2. En italique gras, la terminologie de Frei.

«Je vous envoie ce mél pour **vous** indiqu**ez** que j'ai reçu tout votre matériel»).

b) *La différenciation* fonctionne à l'inverse de l'analogie et résulte d'une recherche de clarté (par exemple, allongement de syllabes ou prononciation de lettres habituellement muettes: prononcer [sɛ̃k] au lieu de [sɛ̃] pour «cinq»; différenciation graphique des homophones: père/paire; mère/maire).

c) *L'économie* se traduit par deux mécanismes: la *brièveté* ou économie discursive et l'*invariabilité* ou économie mémorielle. Le premier mécanisme abrège autant que possible la chaîne discursive. Ainsi, le suffixe «o» a pour fonction de représenter et de se substituer à des éléments trop longs: «dico» pour «dictionnaire», «mécano» pour «mécanicien», etc. L'économie mémorielle ou *invariabilité* cherche à alléger l'effort de la mémoire comme dans l'utilisation du verbe «faire» comme indicateur générique de procès: «faire la vaisselle» pour «laver la vaisselle», «faire du latin» pour «étudier le latin».

d) *L'expressivité* a pour objectif de combattre l'usure du sens en jouant avec l'usage. On remplace les oppositions habituelles par des oppositions inédites: «je l'ai envoyé skier»; «dégoutation»... (Frei, 1971: 269). Récemment, on pouvait lire dans une publicité du journal *Le Monde*: «c'est à prendre ou à regretter» (*vs* «c'est à prendre ou à laisser»).

La plupart des linguistes contemporains reconnaissent à Frei le mérite d'avoir différencié entre langue effectivement réalisée et langue de référence. Néanmoins, les principes qu'il retient sont critiqués parce que les catégories qu'il distingue se recoupent, ce qui affaiblit la valeur du classement (François, 1974: 178; Gadet, 1989: 35). Par exemple, une même forme peut être analysée comme relevant simultanément de l'invariabilité et de la différenciation:

> «*Vous ne savez pas dans quel bureau travaille-t-elle?»
> (au lieu de: «Vous ne savez pas dans quel bureau elle travaille?» ou bien «... dans quel bureau travaille-t-elle?»)
> – invariabilité: alignement des interrogatives indirectes sur les directes;
> – différenciation: distinguer l'interrogation de l'assertion (Gadet *ibid.*).

De plus, Frei a entretenu la confusion soulignée plus haut entre
«fautif» et «parlé» (Blanche-Benveniste, 1997 : 36). Cependant, en
dépit du caractère fondé de ces critiques, les travaux de ce linguiste
suisse demeurent fondamentaux pour plusieurs raisons. C'est bien
souvent à partir des catégorisations qu'il a établies que de nouvelles
typologies seront élaborées (par ex., celle de Frédéric François en
1974); l'inventaire des formes déviantes qu'il propose donne un
aperçu solide de l'évolution de la langue puisque la plupart des items
qu'il commente ne sont plus considérés comme fautifs aujourd'hui.
Enfin, cet ouvrage illustre l'importance du mécanisme de l'**analogie**
qui s'avère très fructueux pour comprendre les productions des
apprenants. On aura maintes occasions de constater que le fonctionnement par ressemblance ou attraction est un principe moteur de la
production d'erreurs… Michèle Perret signale à ce propos le comportement du verbe «envoyer». Bien qu'il fasse partie des verbes du
premier groupe, c'est probablement à cause de la fréquence d'emploi
du verbe «voir» (bien supérieure à celle d'«envoyer») que l'on tend
à écrire aujourd'hui «*il envoit» au lieu de «il envoie»; inversement, pour le verbe «conclure», c'est l'attraction des verbes du premier groupe (comme «tuer») qui conduit à écrire de plus en plus
souvent «*il conclue» et même «*il conclua» (Perret, 1998 : 90).
L'observation de la standardisation de la langue française va permettre de rendre plus concrets d'autres phénomènes qui sont à
l'œuvre dans l'évolution d'une langue.

STABILISATION ET STANDARDISATION DU FRANÇAIS

La langue française, comme d'autres langues européennes, bénéficie d'une existence de presque douze siècles. Ce long terme dévoile
comment une langue vulgaire (c'est-à-dire la langue du peuple par
opposition au latin des lettrés), réservée aux usages domestiques,
conquiert progressivement les sphères de la légitimité et devient la
langue officielle d'une nation, puis celle de toute une communauté à
l'échelle planétaire : celle de la francophonie.

On distingue habituellement la mise en place d'un appareillage
d'ingénierie linguistique qui correspond à ce que Sylvain Auroux
nomme «grammatisation», c'est-à-dire l'élaboration de grammaires
et de dictionnaires, et des actions de politique linguistique (des

décrets et des lois) qui aboutissent à la légitimation et à l'officialisation de la langue[3]. Cette institutionnalisation associe un appareillage technique qui permet à la fois de légiférer, de décrire et de guider le fonctionnement de la langue. Dans le rappel historique que l'on va en proposer, une place de choix sera donnée à l'orthographe en raison de l'importance qu'on lui accorde dans le domaine des erreurs.

DE LA NAISSANCE DU FRANÇAIS OU COMMENT CULTIVER SON VERNACULAIRE

Les langues ne sont pas seulement des systèmes abstraits où l'on peut observer des régularités afin d'en extraire les universaux linguistiques. Elles résultent aussi de politiques linguistiques plus ou moins explicitées : « C'est abus dire que nous ayons langaige naturel. Les langaiges sont par institutions arbitraires et convenences des peuples », disait déjà le clairvoyant Rabelais ! L'évocation de quelques repères devrait modifier les représentations qui voient les langues comme des entités figées car, nous l'avons déjà dit, seules les « langues mortes » ne sont plus en mesure d'évoluer...

Des didacticiens comme Henri Besse (1991) distinguent, parmi les variétés qui constituent les langues, d'une part les vernaculaires – qui se parlent, mais ne s'enseignent pas – et d'autre part les langues standard *vs* littéraires ou cultivées qui servent de langues de référence et qui font, elles, l'objet d'un enseignement dans les institutions scolaires. Prenant la métaphore au mot, Besse propose d'entendre la variété *cultivée* d'une langue dans un sens *agricole*, c'est-à-dire comme le résultat d'une lente transformation. Pour Besse, *cultiver* un ensemble vernaculaire (c'est-à-dire le transformer en une langue légitime et reconnue) revient à franchir six étapes[4] :

---

3. Plusieurs jalons remarquables sont habituellement retenus : les *Serments de Strasbourg* en 842, l'édit de Villers-Cotterêts en 1539, le rapport de l'abbé Henri Grégoire pendant la Révolution française, les lois Jules Ferry qui accompagnent la naissance de l'école obligatoire en 1882, puis plus près de nous la loi Toubon en 1984 qui rappelle la nécessité d'employer le français y compris dans le domaine scientifique, enfin en 1992, lors de la modification de la Constitution à l'occasion du traité de Maastricht, il est précisé que « la langue de la République est le français ».
4. Nous simplifions ici le point de vue présenté par Henri Besse. Pour une perspective plus nuancée, voir Besse, 2001.

1. **privilégier** l'un de ses lectes ou ses lectes les plus prestigieux[5] ;
2. **fixer** une graphie (*orthographe*) ;
3. **collecter** les mots pour en préciser le sens : écarter certains emprunts perçus comme étrangers, en autoriser d'autres perçus comme nobles (*dictionnaire*) ;
4. **classer** sa morphologie, édicter des règles relatives aux régularités observables (*grammaire*) ;
5. **codifier** l'art d'en user avec éloquence (*rhétorique*) ;
6. et enfin, **promouvoir** des œuvres qui l'illustrent (*littérature*).

Ces étapes sont aisément repérables dans la grammatisation du français. En effet, c'est avec la naissance de la littérature en langue vulgaire que s'élaborent les premières transcriptions qui – à l'aide du système graphique latin – seront à l'origine de l'orthographe française (Catach, 1978 : 10). Ensuite, le premier dictionnaire monolingue, le *Thrésor de la langue françayse tant ancienne que moderne* de Jean Nicot, parait en 1606. C'est là une véritable **invention** puisque, fait nouveau, on s'adresse à des personnes « qu'il s'agit de guider dans une langue qu'ils possèdent déjà », alors que précédemment, les dictionnaires étaient destinés à un public qui soit disposait d'une autre langue maternelle, soit avait pour objectif d'accroitre son savoir encyclopédique : au Moyen Âge on apprend le latin pour accéder à de nouvelles connaissances (Auroux, 1997 : 119). On retiendra ici l'importance de cet appareillage pour la fixation et la légitimation de la langue. Dans ces processus de standardisation, l'orthographe est probablement l'un des lieux dont l'arbitraire est le moins discuté alors même qu'il joue un rôle fondamental dans les représentations de la norme des enseignants.

L'ORTHOGRAPHE : ENTRE SAGESSE ET BRINS DE FOLIE

Deux traits saillants peuvent être mentionnés en guise d'introduction à ce rappel historique. D'une part, l'emprise du latin qui se traduit par l'importance d'orientations étymologiques récurrentes (et

---

[5]. « Notre idiome actuel n'est pas, comme on l'a cru longtemps, issu d'un dialecte précis venu de Paris ou d'Ile-de-France (appelé plus tard le "francien"), mais une sorte de langue écrite commune qui s'est établie progressivement dans le nord de la France pour les besoins de la communication » (Catach, 1997).

que l'on inventera au besoin!) et, d'autre part, un effet de balancier entre innovation et retour à un état antérieur qui se manifeste par des querelles périodiques entre les modernes et les traditionalistes. Nous retiendrons cavalièrement trois grandes étapes et, bien sûr, ce paragraphe se terminera par l'évocation des dernières rectifications proposées en 1990.

Le français sort de la chrysalide des langues romanes (IXe-XIIIe siècles)

Bien qu'obscures, les origines de l'orthographe sont associées à l'émergence des premiers textes juridiques ou littéraires en langue romane (*Serments de Strasbourg, Cantilène de sainte Eulalie...*). Ces débuts sont marqués par la dépendance des moyens de production techniques (le choix de l'écriture d'abord minuscule caroline puis gothique) et par la nécessité d'établir des conventions qui combleront les défaillances de l'alphabet latin qui ne couvre pas tous les besoins de la jeune langue romane dont le système vocalique est plus riche (plus de quinze diphtongues : [ai], [au], etc.; des triphtongues : [ieu], [uou], etc.; et surtout la voyelle «e» qui connait déjà les trois valeurs qui ne seront différenciées par un accent écrit que beaucoup plus tard). Résolvant ces carences par des solutions ponctuelles (souvent des ajouts de lettres : «z» à «e» pour indiquer un *é*), cette orthographe naissante tendra néanmoins à transcrire les sons tels qu'ils se prononcent (un doigt est alors graphié «doit» tout comme dans «il doit»). «C'est à peine une orthographe; l'ombre subtile de la parole», dit Bernard Cerquiglini (1996 : 16). Jusqu'au XIIIe siècle, l'orthographe suivra les évolutions de la langue puis elle se figera; depuis, l'écart entre oral et écrit n'a cessé de croitre.

Les mutations de la langue et de l'écriture (XIIIe-XVIe siècles)

Dans la période suivante, de nombreuses transformations vont affecter le système de la langue : disparition partielle des cas et de certaines flexions pour les verbes; apparition de l'article et du pronom; bouleversement dans l'ordre des mots; autonomisation des mots-outils, développement du vocabulaire par relatinisation (apparition de doublets : l'un issu de l'évolution populaire, l'autre d'un emprunt au latin. Par exemple, à côté de *fra(gi)lem* qui a abouti à «frêle», ou *frater* qui a donné «frère», apparaitront «fragile» issu de *fragilis* ou «fraternel» issu de *fraternalis*). Les diphtongues disparaissent de l'oral (mais les digraphes demeurent à l'écrit); les voyelles nasales se dénasalisent[6] et celles qui correspondent à [a] et à [e], d'abord transcrites par une tilde «ã», nous légueront les doubles consonnes[7] dont on sait qu'elles sont source de nombreuses erreurs tant chez les débutants que chez les experts (Jaffré et Fayol, 1997 : 100). C'est également la période où les homophones (qui résultent de l'évolution phonétique du latin) sont distingués à l'écrit : «**Sain** (*sanu*); **cinq** (*quinque*); **ceint** (*cintu*); **saint** (*sancti*); **sein** (*sinu*); **seing** (*signu*)» (Catach, 1996 : 15; Cerquiglini, 1996 : 33).

À partir du XIVe siècle, l'écriture va prendre un aspect plus visuel. Bernard Cerquiglini parlera même d'une *orthographe hirsute* : on s'éloigne du phonétisme et le déchiffrage est associé au contexte et à la position. Pour différencier les lettres «i» et «u» empruntées au latin et qui, en français, transcrivaient les actuels «j» et «v» inexistants à ce moment-là, la période gothique va insérer des consonnes muettes qui deviennent des signes différenciateurs et qui ne sont pas obligatoirement d'origine étymologique. Par exemple, afin de ne pas confondre «uile» (qui signifie «vile» ou «ville») et «uile» (d'olive), issu du latin *oleum*, on transcrit «huile». Il en est de même pour «huis», «huit», «huistre», qui sont issus de *ostium, octo, ostreum*. On insèrera également des «l», des «b», des «f». Il s'agit de distinguer la langue écrite lettrée de la langue populaire mais aussi d'accroître la lisibilité. Nina Catach (1996 : 22) évoque à ce propos les variations de cinq éditions d'un même texte de Clément Marot au cours desquelles ces consonnes diacritiques disparaissent progressivement : le «g» final de «maling»; le «l» de «cieulx»; le «c» de «parfaict»; etc.

---

6. Les voyelles nasales (spécifiques des langues française, portugaise et polonaise) s'opposent aux voyelles orales pour lesquelles l'air passe par la bouche.

7. Nina Catach précise à leur propos que les doubles consonnes ont pu avoir au moins cinq valeurs concomitantes et parfois contradictoires. 1. **Valeur étymologique** : dans des mots venus du latin puis dans des mots calqués d'habitudes latines; 2. **Valeur historique** : le redoublement du «n» ou du «m» notant l'ancienne nasalisation; 3. **Valeur diacritique** (différenciatrice) : le redoublement marquant l'ouverture des voyelles précédentes (ex : *jette*), mais le redoublement peut aussi noter leur brièveté; 4. **Valeur morphologique** : à la limite préfixe-radical (ex. : *immerger, innover*); 5. **Valeur distinctive** : opposant des homophones ou quasi-homophones; cela sans compter les cas d'emprunt «rr» à l'italien ou à d'autres langues (Catach, 2001 : 234).

■ L'INTERPRÉTATION DE L'ERREUR

La naissance de l'imprimerie sera fondamentale et apportera des innovations typographiques (utilisation du «j» et «v» inexistants, importation italienne des accents, de la cédille, de l'apostrophe, séparation des mots, suppression de lettres grecques et doubles). Ces changements sont appuyés et repris par les écrivains de la Pléiade dont Ronsard est le porte-parole. Mais les guerres de Religion chassent de nombreux typographes soupçonnés de protestantisme, et l'orthographe connaitra une période de régression.

L'institutionnalisation et la démocratisation de l'orthographe (XVIIᵉ-XIXᵉ siècles)

À partir de la création de l'Académie en 1635 par Richelieu, l'orthographe deviendra une affaire d'État: les différentes éditions du dictionnaire de l'Académie fixeront la norme. La première édition, celle de 1694, bien que se réclamant de positions traditionnelles, introduira néanmoins des changements substantiels. L'adoption des lettres «j» et «v» permettra l'abandon de lettres superflues: «a**pu**ril» deviendra «a**v**ril»; on abandonnera des lettres étymologiques en fin de mot: «conioin**c**t» deviendra «conjoint»; elle simplifiera «**qu**arré» et «**qu**arreau» («**c**arré», «**c**arreau»); elle adoptera «gn» pour remplacer «ign» ou «ngn»: «charo**ngn**e» devient «charo**gn**e»; elle remplacera «en» par «an» dans beaucoup de mots: «**en**douille, ded**en**s, **em**poulle deviendront: **an**douille, ded**an**s, **am**poulle» (Catach, 1996: 33). De 1694 à 1935, huit éditions se succèderont. La troisième, qui se fera sous la houlette des philosophes de l'*Encyclopédie* (Montesquieu, Marivaux, d'Alembert, Buffon, Voltaire…), apportera de nombreuses réformes dont celle de Voltaire qui fit adopter «**ai**» pour «**oi**» dans des mots comme «les Franç**ois**» et dans les formes verbales telles que «je fer**oi**», «je finir**ois**»; on sait que Voltaire aimait dire: «L'écriture est la peinture de la voix: plus elle est ressemblante meilleure elle est» (Catach, 1996: 37). La quatrième édition généralisera l'accent grave (que Corneille avait proposé un siècle auparavant), établira les usages de l'accent circonflexe et règlera le cas de certaines lettres grecques («alch**y**mie», «as**y**le» font place au «**i**»: «alch**i**mie», «as**i**le», mais on trouve aussi «h**i**bride» et «patron**i**mique»!). La sixième édition (1835) reviendra à une étymologie outrancière: alors que l'édition précédente écrivait «antropo**ph**age, am**i**gdale…», celle-ci notera: «an**th**ropo**ph**age, am**y**gdale…». Les dernières éditions introduiront l'idée de variante et de tolérance mais il ne faut pas oublier que c'est au XIXe siècle, en raison du développement du secteur éditorial (qui a eu un effet de nivellement orthographique), que s'est répandue une représentation d'une orthographe immuable, figée, éternelle… De même, la démocratisation de dictionnaires usuels (*Petit Larousse*, *Petit Robert*, *Hachette*) constamment mis à jour ne rendra plus nécessaire la réédition de la huitième édition du dictionnaire de l'Académie.

CINQ POINTS À RETENIR DES RECTIFICATIONS DE L'ORTHOGRAPHE DE 1990

On ne peut clore ce paragraphe sans évoquer les dernières rectifications du Conseil supérieur de la langue française de 1990. À leur origine, entre autres, le constat de discordances dans les dictionnaires courants de français (par ex.: «daurade» et «dorade») pour 10 à 15 % des mots – ce qui en représente tout de même plusieurs milliers – et le souci, en conséquence, d'harmoniser les variantes proposées (Encrevé, 2002 : 8). Les rectifications, bien que modestes, ont suscité de nombreuses disputes tant chez les spécialistes que dans la presse. Sans rentrer dans le détail de toutes les propositions[8], cinq principes peuvent au moins être retenus du *Journal officiel* du 6 décembre 1990:

CINQ points à RETENIR!
1. Pluriel des mots composés
un sèche-cheveu → des sèche-cheveux; un lave-vaisselle → des lave-vaisselles; un casse-croute → des casse-croutes; un sèche-linge → des sèche-linges
2. Disparition des accents circonflexes sur les «i» et les «u»
sur les noms et sur tous les verbes en «-aitre», sauf dans les terminaisons verbales du passé simple, de l'imparfait et du plus-que-parfait du subjonctif, et dans les cas d'ambigüité (*dû*, *sûr*…).
3. Le tréma est placé sur la voyelle prononcée
aigüe, exigüe, ambigüe, ambigüité
4. Le pluriel des mots d'origine étrangère suit les règles du français
On aura ainsi: *des barmans, des talibans*… De plus, il est préconisé de privilégier la graphie francisée la plus simple: *iglou* (plutôt que *igloo*); *eskimo* (plutôt que *esquimau*).
5. Les consonnes simples pour les verbes en «-eler» et «-eter»
je cachète et *je ruissèle*, sauf «appeler» et «jeter» pour lesquels on maintient l'ancienne forme (considérés comme trop familiers pour être modifiés!).

■ L'INTERPRÉTATION DE L'ERREUR

On peut y ajouter, bien que ce soit plus marginal, la régularisation des accents; citons entre autres: «crèmerie», «allègement»… parmi lesquels, bien sûr, le célèbre «év**è**nement» (que peu de personnes aujourd'hui écrivent «év**é**nement», sauf par souci de distinction, dans le sens que Bourdieu donne à ce mot).

Ce survol historique par le biais de quelques éléments de l'histoire de l'orthographe a permis de voir comment – et par quels à-coups – une langue se standardise. Il permet de mieux comprendre la dimension arbitraire de l'orthographe. On souhaite susciter ainsi un regard éclairé et bienveillant qui permettra à l'enseignant, lorsqu'il rencontrera sur une copie «dedens» ou «quarreau», de signifier son erreur à l'élève sans pour autant en être agacé ou irrité.

---

8. Voir l'association AIROÉ (Association pour l'information et la recherche sur les orthographes et les systèmes d'écriture) sise: 4, passage Imberdis, 94 700 Maison-Alfort, France; ainsi que sa précieuse revue: *Liaisons-AIROÉ*. Le numéro 34/35 est consacré aux rectifications de 1990.

CHAPITRE 3

Les français d'ailleurs… et ceux de par ici…

Cette langue que l'institution a voulu fixer en vue de sa stabilisation évolue néanmoins dans l'espace et dans le temps. Le rigide et illusoire ordonnancement fixé par l'Académie est bousculé par des évènements majeurs tels que les voyages de Cartier (1534, 1535, 1541), la fondation de Québec par Samuel de Champlain, qui, entre autres, ont jeté les ferments de cette francophonie qui aujourd'hui enrichit la langue française de toute sa diversité et que l'on illustre ici à travers la naïveté du cousin acadien du Petit Nicolas hexagonal :

(a) « J'arrivais pas à défricheter[1] ce qu'ils disaient, mais à part ça, ils paraissaient pas très différents de moi. Comment osent-ils se promener tout seuls comme ça ? je me disais. Ils sont vraiment pas achalés[2]. J'imaginais déjà un camion qui allait les écrapoutir[3] avec ses grosses roues parce qu'ils avaient osé se trimbaler seuls. […] j'aime mieux vous partager ma conviction que tous les enfants qui se promenaient seuls se faisaient frapper par un char[4]. »

Yves Cormier (1993), Grandir à Moncton,
éditions d'Acadie, 11-12.

(b) « Je voulais aller très loin, très loin, là où papa et maman ne me trouveraient pas, en Chine ou à Arcachon où nous avons passé les

---

1. Démêler.
2. Ne pas être achalé : être effronté sans gêne.
3. Écraser, écrabouiller.
4. Automobile.

> vacances l'année dernière et c'est drôlement loin de chez nous, il y a la mer et des huitres. Mais, pour partir très loin, il fallait acheter une auto ou un avion. Je me suis assis au bord du trottoir et j'ai cassé ma tirelire et j'ai compté mes sous. Pour l'auto ou pour l'avion il faut dire qu'il n'y en avait pas assez, alors je suis entré dans une pâtisserie et je me suis acheté un éclair au chocolat qui était vraiment bon. »
>
> Sempé-Goscinny, *Le Petit Nicolas*, Folio, 423, 152-153.

La colonisation de l'Amérique du Nord, celle des Caraïbes et celle de l'océan Indien au XVIIe siècle, puis celles de l'Afrique, de l'Asie et du Pacifique, plus tardives – au XIXe siècle –, ont donné naissance à d'autres variétés de la langue française. Aujourd'hui, l'intercompréhension entre francophones n'est pas encore en danger mais deux types de phénomènes sont susceptibles de la perturber. Soit on dispose de mots différents pour les mêmes référents (par exemple, au Canada, « myrtille/bleuet » ; « bonnet/tuque »), soit à l'inverse les *réalia* auxquels renvoient des mots ne sont plus les mêmes. Cela peut aboutir à des malentendus comiques. Ainsi, Jean-Benoit Alokpon évoque savoureusement l'inquiétude d'un universitaire français, lors du 6e Sommet de la francophonie à Cotonou, devant une pancarte qui indiquait : « Ici en vente de la viande de chercheur ». Bien que rassuré, l'universitaire fut tout aussi surpris d'apprendre qu'un « chercheur » sous ces latitudes n'est rien d'autre qu'un cochon ! (Alokpon, 2001 : 17).

Les liens entre les contextes socio-géographiques et les langues utilisées n'affectent pas de la même manière les sous-systèmes de la langue : alors que la variation lexicale est maximale, les variations morphosyntaxiques sont souvent moins saillantes mais n'en sont pas pour autant inexistantes (par exemple, faire la sieste se dit « siester » en Afrique). Depuis une trentaine d'années, de nombreux travaux décrivent et théorisent cette variation géographique. Tel est le cas de plusieurs programmes de l'Agence universitaire de la francophonie (AUF)[5] comme *Le français en francophonie* coordonné par Danièle Latin, qui a donné lieu à de nombreuses publications sur les français dits « périphériques » ou « non standard ». Un premier groupe de travaux fédère des études à visée typologique. À la suite de distinctions

---

[5]. Anciennement Aupelf-Uref, voir leur site (http://www.auf.org) pour une présentation des différentes recherches.

comme celle de Willy Bal en 1977 qui analysait l'espace francophone en zones d'expansion, celle établie par Valdman en 1983 qui opposait le français vernaculaire et le français véhiculaire, Chaudenson (1991 : 181-189) distingue quatre types de situations à partir de deux paramètres : a) **le status** qui comprend *le statut de la langue* (officielle, nationale…), *les emplois* (administratif, juridique…) et *les fonctions* (ce à quoi elle sert) ; et b) **le corpus** qui regroupe les modes d'appropriation, la véhicularisation et/ou vernacularisation, les types de compétence, les productions et les consommations langagières.

	Corpus (+)	**Corpus (–)**
Status (+)	France (statut élevé et très utilisé)	États de l'Afrique francophone (statut élevé mais peu utilisé)
Status (–)	Bayous louisianais/ ile Maurice (très utilisé mais sans statut)	Terre-Neuve (dans la mouvance francophone)

Ainsi, la notion de « français » cesse d'être appréhendée comme un bloc monolithe et de nombreux qualificatifs permettent d'apporter des nuances pertinentes. Claude Poirier, par exemple, écarte l'appellation « français standard » car elle ne couvre pas la totalité des emplois décrits dans le dictionnaire (en particulier ceux qui portent les mentions « vieilli », « régional », « argot »…) ; il préfère donc « français de référence », plus neutre :

> « Seront considérés appartenir à ce français tous les emplois répertoriés dans les dictionnaires du français et autres sources (par ex. grammaires) décrivant la variété de prestige prise en compte par les lexicographes parisiens » (Poirier, 1995 : 26).

Le « français régional » désigne, lui, une variété de français parlée sur un territoire à l'intérieur d'un pays. Ainsi « barrer », qui signifie « fermer à clef », est un régionalisme en France (employé dans l'Ouest), mais non au Québec car il y est d'utilisation générale[6]. La

---

[6]. Pour une discussion à propos de cette notion, voir Baggioni (1995 : 72-76) et de Robillard (1998 : 34-35).

notion de « français zéro » proposée par Robert Chaudenson (1993 : 387) est aussi particulièrement intéressante par son degré de généralité. Il distingue un « noyau dur » composé du sous-ensemble commun à l'ensemble des francophones et non soumis à la variation et un sous-ensemble qui regroupe l'ensemble des variantes[7].

Une deuxième série de travaux collecte les variations géographiques pour lesquelles sont recueillis les contextes d'utilisation, les fréquences d'emploi, les origines. Les items sélectionnés aboutissent à des inventaires qui se prolongent par des dictionnaires. Il existe ainsi aujourd'hui des dictionnaires qui répertorient les particularités lexicales de Suisse, de Belgique ou d'Acadie. Bien qu'ils ne résolvent pas toutes les difficultés soulevées par la problématique de la variation géographique, ils contribuent néanmoins à la reconnaissance d'éléments langagiers stigmatisés qui marginalisaient les locuteurs qui les proféraient (la sociolinguistique occitano-catalane a montré que la minorisation linguistique développe des comportements d'autodépréciation).

Admettre et diffuser la diversité de la langue française n'est pas un luxe. Reconnaitre légitimité et droit de cité en classe à ces variantes géographiques, c'est contribuer à **défendre la langue française en maintenant vivant le lien d'intercompréhension entre les différentes communautés** dont cette langue est le trait d'union. Adopter ces variations, c'est s'enrichir des particularités de chacun. Mais attention ! Dans un contexte d'apprentissage du français, comme langue étrangère ou comme langue seconde, il ne s'agit pas, bien entendu, de faire pratiquer – en expression – le français dans toutes ses variétés. Néanmoins, il semble raisonnable d'exposer – **en compréhension** – à plus d'une variété de français, ou à tout le moins, de ne pas se référer exclusivement à la variété hexagonale.

Cette défense et appropriation de la diversité est importante car elle influe sur le devenir de la langue française. En effet, on sait que les deux grands mécanismes qui sont à l'œuvre dans la création et l'évolution des langues sont la scission et le contact. On peut considérer que les langues romanes (l'espagnol, le catalan, l'ita-

---

7. Ce sous-ensemble qui est un objet construit, abstrait (il résulte de l'identification par le linguiste des structures susceptibles de variation) est nommé « français zéro » en référence au « degré zéro de la racine » des études indo-européennes.

lien, le français, etc.) issues de la fragmentation du latin constituent un exemple canonique de scission (voir Marchello-Nizia, 1999 : 14-20). Il n'est peut-être pas inutile de rappeler que l'intercompréhension entre l'anglais et l'américain, le français et le québécois, résulte de liens qui ont été volontairement maintenus ; le néerlandais et l'afrikaans offrent un exemple inverse et les deux communautés tentent aujourd'hui de rétablir des liens perdus (Bijeljac et Breton, 1997 : 60). Attardons-nous un peu plus sur les créoles qui offrent à l'inverse des prototypes de création de langues par contact et qui sont plus proches de notre problématique de l'erreur. Voici comment Robert Chaudenson illustre, par un exemple fabriqué, la gradation qui – partant du français – aboutit à une nouvelle langue, le créole :

> « nous mangions un peu de morue chez notre oncle »
> « nous mangions un peu la morue chez notre oncle »
> « nous i mangeait un peu la morue chez not tonton »
> « ni manzé in pé la mori sé not tonton »
> « nous té ki manz in pé la mori la kaz nout tonton »
>
> Robert Chaudenson, 1997 : 100-101.

Le chiac, ce parler d'une communauté francophone du sud-est du Nouveau-Brunswick au Canada, offre un autre cas intéressant de contact de langues qui interroge les linguistes. Est-il encore du français ? S'agit-il d'un phénomène d'assimilation d'une langue par une autre et, dans ce cas, faut-il considérer que le chiac c'est « plutôt » ou « déjà » de l'anglais ? Ou bien encore faut-il le considérer comme un créole dans lequel le mélange de langues aboutit à un nouveau système linguistique autonome, c'est-à-dire à une nouvelle langue ? Observons-en un petit exemple :

> « C'est moi qui paie pour mon own linge […] ma mère dit oh c'est trop cher […]/je dis mum c'est la style/well/je sais pas everything que j'aime c'est tout le temps cher anayways/des fois ma mère paie half des fois je paie la whole affaire-là/comme cent vingt piasses pour trois morceaux de hardes/c'est comme/je sais pas/comme elle dit/well/je peux pas me voir te donner that much argent parce que moi je m'achète pas des hardes that chères. »
>
> Marie-Ève Perrot (à paraître).

Sans se livrer ici à une véritable analyse et sans prendre en considération les aspects sociaux qui contribuent fortement à donner au parler d'une communauté le statut de langue (*cf.* l'exemple de la langue corse), on peut au moins relever un lexique anglais associé à un lexique français double : à la fois « standard » (*morceaux, acheter,* etc.) et – d'un point de vue « hexagonal » – un lexique que l'on peut catégoriser d'archaïque (*piasses, hardes, linge*…) qui s'enchâsse dans une structure sur laquelle il y aurait matière à discussion : s'agit-il d'une base française ou anglaise ? (*cf. payer pour, je paie la whole affaire-là*). Ce type de corpus intéresse notre réflexion, d'une part, en raison de sa valeur informative brute (une langue, aussi prestigieuse et standardisée soit-elle, ne peut rester indemne lorsqu'elle se trouve en situation minoritaire) et, d'autre part, en tant qu'exemple de contact qui exhibe les mécanismes d'interaction entre deux systèmes linguistiques. Daniel Véronique, qui travaille au confluent de l'acquisition des langues étrangères et des études créoles, a montré tout l'intérêt que ces deux domaines peuvent tirer d'une collaboration (en effet, des points de convergence ont été relevés entre la genèse d'un créole et le processus d'apprentissage d'une langue ; Véronique, 1994, 2001).

Cependant, il serait erroné d'imaginer que la variation géographique est seulement liée à l'exotisme de l'ailleurs. Les dialectologues s'y sont penchés dès le XIXe siècle et Albert Dauzat signalait déjà les diverses façons de se référer à la jument : « *éga* » ici, « *cavala* » là. En Touraine, une « petite exploitation » peut être nommée : « *benasse, bordage, bricole, carcottage, closerie, gouvernerie, haricotage, haricandage, locature*[8]… ». Certes, il s'agit là de vocabulaire trop spécialisé pour intéresser un public de FLE. Prenons alors une situation plus commune, par exemple « remuer » la salade. Selon que l'on se trouve en Alsace, en Bretagne, en Aquitaine ou dans les Pyrénées, on pourra la « tourner », la « touiller », la « brasser », la « mêler », la « retourner » et même la « fatiguer » ! (H. Walter, 1988 : 179). Restons dans un champ sémantique voisin, celui des repas. On sait que le « souper » correspond en Suisse et dans cer-

---

8. Extrait de l'*Atlas linguistique de l'Ile-de-France, de l'Orléanais, du Perche et de la Touraine* (ALIFO), CNRS, T. 1, 1973, T. 2, 1978, de Rose-Marie Simoni-Aurembou, cité par Nicole Gueunier (1986 : 104).

taines provinces de France au « diner » parisien[9] ; les deux termes s'emploient de manière complémentaire en Belgique, où ils ne renvoient pas à la même situation d'emploi. « Souper » est réservé au repas pris en famille, alors que « diner » renvoie à un repas formel, voire officiel ; ainsi, un Belge ne dira pas un « souper de gala » mais un « diner de gala » (Francard, 1995 : 64). La variation géographique n'est pas affaire de spécialistes, elle est présente partout, même sur les murs : sur l'affiche qui vante les mérites du Thalys, le TGV qui relie Paris à Bruxelles, on peut lire « d'endive à chicon, 1 h 25 ». Il fallait oser non seulement la variation lexicale, mais aussi la comparaison iconique entre la forme allongée de cette salade et le TGV ! L'apprenant de français qui arrive à Poitiers ne devra pas être choqué d'entendre : « On débauche à cinq heures. » Non, les Pictaves ne sont pas particulièrement licencieux ! « Débaucher » signifie tout simplement ici le contraire d'« embaucher » !

Après ces exemples de variétés spatiales, voyons comment la langue s'enrichit d'influences extérieures. On risquera un chiasme : du français d'ailleurs à l'ailleurs dans le français. Nous attaquons ici le dernier bastion d'une mythique pureté de la langue qui ne peut résister – fort heureusement – aux effets des contacts entre les hommes d'abord et entre les langues par voie de conséquence.

L'EMPRUNT ET LE MYTHE DE LA PURETÉ

Le texte ci-après, en apparence banal, présente une richesse insoupçonnée puisqu'il va nous permettre d'illustrer l'un des phénomènes les plus fréquents, et souvent l'un des plus polémiques que connaissent les langues : l'emprunt.

Du *chemin* de *corniche* qui *domine* la ville, Pierre et Cécile, tout à coup, découvrirent le *port*, bien abrité au fond de la *baie. Appuyés* contre le *parapet*, ils le contemplèrent en silence.

---

9. Michèle Perret (1998 : 106) signale que c'est le passage d'un mode de vie rural à un mode de vie citadin qui a suscité le changement d'horaire : le déjeuner était le repas du petit matin, le diner celui du milieu du jour, le souper celui du soir. Ce sont les habitudes citadines des classes dirigeantes qui expliquent que l'usage parisien soit devenu la norme.

■ L'INTERPRÉTATION DE L'ERREUR

> Un *phare* en signalait l'entrée. *Amarré* à l'*embarcadère*, un grand *paquebot* attendait. Sur le pont, on distinguait des *chaloupes* et des *canots* de sauvetage. Plus loin un *yacht* s'apprêtait à affronter les *vagues*. Un voilier *cinglait* déjà vers le large. Des *matelots* s'affairaient près des *docks* et des *magasins de douane*. Des *mouettes* et quelques *goélands* tournoyaient dans l'*azur* du ciel.
> À *droite*, on apercevait une plage bordée de *dunes grises* et, plus loin encore, amorçant la courbe du *golfe*, une ligne de *falaises blanches*. À gauche, s'étendaient une série de *calanques* et de *criques* où il devait être agréable de venir se *baigner*.
>
> Thévenin (1986), *Le français, les mots voyageurs*, Épigones, 4.

Sur un total de 137 mots que comporte ce texte, il y a 25 emprunts à 13 langues différentes ! Il s'agit d'une proportion un peu plus importante (autour de 18 % d'emprunts) que celle qui constitue la moyenne « normale » (voir ci-après). Ce pourcentage légèrement élevé s'explique par son thème : la mer est un lieu privilégié d'échanges et de contacts.

Mots d'origine…
gauloise : chemin ; **latine :** domine, port, appuyés, droite, baigner ; **germanique :** mouettes, grises, falaises, blanches ; **scandinaves :** vagues, cinglait, criques ; **arabe :** douane, magasin ; **italienne :** corniche, parapet ; **anglaise :** paquebot, yacht, dock ; **espagnole :** baie, embarcadère ; **grecque :** golfe, phare ; **néerlandaise :** amarré, chaloupes, matelots, dunes ; **perse :** azur ; **caraïbe :** canot ; **bretonne :** goéland ; **provençale :** calanque.

Les mots empruntés transitent le plus souvent par d'autres langues : un mot comme « chocolat », qui vient du nahuatl (Mexique), est lié à la découverte des Indes par Christophe Colomb et nous est arrivé à travers l'Espagne. L'éclat et le rayonnement culturel de la Renaissance italienne ont suscité beaucoup d'emprunts dans des domaines divers : *crédit, trafic, caresse, coloris, belvédère, balcon, appartement…* C'est au cours de son voyage en Italie que Montaigne découvrira la *doccia*, c'est-à-dire la douche ! (Walter, 1997 : 149). Aujourd'hui, la puissance économique de l'univers anglo-saxon nous lègue certains mots utiles (ceux pour lesquels nous n'avons pas d'équivalent: *bulldozer, dealer, mailing, flash…*) et d'autres qui le sont moins car des termes existent déjà en français: *packaging*/conditionnement; *showroom*/salle d'exposition, etc. Il ne faut pas oublier cependant qu'anglais et français sont de «vieux compagnons de route»: entre le XIe et le XVIIIe siècle, le français a transmis à la langue anglaise autour de la moitié de son lexique.

Ainsi, l'histoire des mots empruntés nous fait vivre un voyage dans le temps révélateur des étapes de la «fabrication» des langues. Les puristes peuvent toutefois rester sans souci: le nombre de mots étrangers sur un corpus d'environ 60 000 mots contenus dans un dictionnaire ne dépasse pas de beaucoup les 8 000, soit environ 13 %. Mais si la langue française emprunte, elle donne, aussi, comme les autres langues bien sûr! Sergio Corrêa da Costa a répertorié 16 000 exemples de mots «sans frontières»; les langues les plus exportatrices sont l'anglais, le français et… le latin! Voici, par exemple, quelques utilisations polyglottes de l'expression «avant-garde»:

> **Néerlandais:** *Kupka… geinteresserd in de nieuwste ontwillelingen van de artistieke **avant-garde** en Parijs. Het Paleis (Den Haag).*
> **Portugais:** *Está fechada a vinda ao Rio em 97 do balé super-**avant-gardista** da alemã Pina Bauch (O Globo, 13/9/96).*
>
> Sergio Corrêa da Costa (1999), *Mots sans frontières*, Éditions du Rocher, 170-171.

Ces voyages dans le temps (de la variation historique) et dans l'espace (de la variation géographique) montrent que la variation est constitutive de la langue et elle l'a toujours été même si cela a pu être occulté par le passé[10]. Le rappel de ces informations contribue à modifier les représentations de la langue que les enseignants ont intériorisées. N'oublions pas que c'est par rapport à elles que sont émis les jugements d'acceptabilité ou de disqualification des productions des apprenants. Si nous avons tant insisté sur la mise en évidence de ces variations de la langue, c'est aussi en raison de leur incidence sur la norme, à laquelle nous allons maintenant nous intéresser pour terminer cette partie.

---

10. Ce que rappelle vigoureusement Michel Banniard, qui s'intéresse aux causes et aux rythmes du changement langagier en Occident latin: «la variation a cessé de n'être qu'un accident fâcheux arrivé à l'essence pure de la langue, pour devenir partie constitutive de l'identité de cette dernière» (Banniard, 2001: 88).

CHAPITRE 4

Quelle norme adopter en situation d'enseignement ?

DE LA NORME À LA VARIATION...

« Salut, Madame » m'écrivait, se croyant respectueux, il y a peu, un étudiant Erasmus[1] dans un en-tête de mél. Un autre, français celui-là, dans le même contexte, me donnait très innocemment du « Chère Vous »... Comment qualifier ces énoncés qui, bien que n'aboutissant pas à un échec de la communication, ne sont quand même pas recevables ? Leur signification est interprétable, compréhensible... mais ces propos sont – littéralement – « déplacés » dans la situation dans laquelle ils sont émis. Pour le premier, le décalage résulte de l'association de deux termes qui ne devraient pas se rencontrer (salutation informelle et terme marquant le respect) ; quant au deuxième, c'est également l'association inhabituelle de l'appellatif et du pronom qui a pour effet d'induire une proximité relationnelle qui n'a pas lieu d'être dans le cadre académique. Bref, même si ces propos ne sont ni incivils, ni vraiment impolis, ces deux étudiants bousculent néanmoins les us et coutumes – soit les normes – de la correspondance universitaire.

La notion de « norme » a beaucoup changé au cours des trente dernières années. Dès les années soixante-dix, des représentations qui admettaient la diversité se sont progressivement opposées à une

---

1. On nomme ainsi (par métonymie du nom du programme de l'Union européenne qui promeut ce type d'échanges) des étudiants européens qui ont la possibilité d'aller faire des études dans un autre pays de l'Union.

vision unitaire et hexagonale de la langue. Cette diversité s'est d'abord traduite dans des réseaux d'oppositions binaires telles que : « français écrit / français parlé » ; « français populaire / français relâché » ou dans des associations de type « français écrit / français littéraire ». En 1969, les deux principales revues didactiques, *Le français aujourd'hui* (FLM) et *Le français dans le monde* (FLE), s'associent pour une publication qui a pour thème « Unité et diversité du français contemporain ». La conclusion indique des points d'ancrage pour de futurs repères de la norme, l'accent est mis sur le caractère déterminant des **situations de communication**. Une série de paramètres qui permettront d'ordonner la diversité sont énumérés : oral / écrit ; mode d'échange direct ou indirect ; transmission privée ou publique ; mode individuel ou collectif ; critères socioculturels (âge, sexe, profession…) ; tonalité de l'énoncé ; nature du contenu de la communication…

Bref, à la notion de norme unique va se substituer le repérage d'une série de variations qui affectent la langue. C'est ainsi qu'émerge la question des « niveaux de langue » (familier, populaire, soutenu, etc.). Formulation qui est aujourd'hui écartée en raison de la confusion qu'elle entretient entre les facteurs de variation sociale et ceux de variation situationnelle. Ce que l'on nomme aujourd'hui « registre » et qui renvoie à la variation situationnelle ou diaphasique est donc autre chose qu'un simple changement de terminologie. Cette variation-là est celle que l'on vient d'illustrer par les propos « déplacés » des étudiants[2].

Actuellement, les linguistes distinguent **cinq** principaux types de variations – **externes** – qui sont susceptibles d'influencer la langue. Mise à part la **variation diastratique** qui correspond à des marques linguistiques corrélées à des facteurs sociaux[3], ont déjà été évoqués dans les pages qui précèdent les quatre autres types de variation : la variation historique (nommée **variation diachronique**), la variation

---

2. Nous y revenons de manière plus détaillée dans la troisième partie à propos de productions rédigées dans une langue argotique et familière qui vise celle des polars.

3. Ce type de variation présente des marques proches de celles de la variation situationnelle. Ainsi, dans le registre familier, on note des relatives dites « populaires » (« le jour que je suis venu »), des simplifications consonantiques [kat] pour [katr], [esplike] pour [eksplike], etc.

géographique (nommée **variation diatopique** ou **topolectale**) et enfin la **variation qui affecte le canal oral ou écrit**. En outre, à la suite de Labov, on s'accorde également pour considérer qu'il existe une **variation interne** ou **variation inhérente** (Gadet, 1989 : 12) qui correspond aux potentialités de la langue et qui, pour un individu donné, dans un contexte X, caractérisé par les conditions Y, peut produire pour une signification identique plusieurs messages tels que «la montre que Pierre a vendue» ou «la montre qu'a vendue Pierre» sans qu'il soit possible d'attribuer à l'un ou à l'autre une différence de valeur stylistique.

ET RETOUR, DES VARIATIONS... AUX NORMES

La reconnaissance de ces variations langagières a induit des distinctions entre plusieurs sortes de normes. Déjà en 1972, Alain Rey signale la polysémie du terme. Il distingue entre une *norme objective* qui renvoie aux régularités du système de la langue, un *usage* qui renvoie à un stade intermédiaire entre le *système* et la *parole* telle qu'elle est actualisée dans la performance individuelle ; et *une norme prescriptive* qui s'appuie sur des évaluations ayant valeur juridique (il faut dire/ne pas dire). En 1997, les sociolinguistes que Marie-Louise Moreau (1997 : 217-225) réunit affinent encore le concept et proposent une classification à un double niveau.

• Le premier niveau oppose norme *endogène* et norme *exogène*, formes de reconnaissance d'une norme locale par rapport à une norme «d'ailleurs», centrale, plus prestigieuse (par exemple, le français du contexte africain *vs* celui de la France). Cette distinction s'inscrit dans la réflexion de la variation géographique qui souligne les risques de la perte d'intercompréhension liés au fractionnement linguistique et qui, néanmoins, interroge la légitimité du français hexagonal à constituer la variété standard supra-locale pour toute la francophonie[4].

• Le deuxième niveau distingue **cinq** types de normes :
– les **normes de fonctionnement (1)** concernent les règles qui correspondent aux pratiques linguistiques des membres d'une communauté ;

---

4. Voir à ce propos de Robillard, 1998 ; Pöll, 1998 ; Laroussi et Babault, 2001.

– les **normes descriptives (2)** restituent des normes de fonctionnement qu'elles rendent explicites : elles n'associent pas de jugement de valeur à la description et elles sont en nombre plus réduit que les premières car tous les phénomènes linguistiques ne font pas l'objet de la même attention de la part des linguistes ;
– les **normes prescriptives (3)** hiérarchisent dans les normes de fonctionnement des modèles à imiter, elles sont censées être «la» norme (*cf.* la standardisation d'une langue dans le cadre d'une politique linguistique).

Les quatrième et cinquième types situent la norme sur le terrain des **représentations**. Il s'agit des normes évaluatives (4) et des normes fantasmées (5) :
– les **normes évaluatives (4)** attribuent des valeurs esthétiques ou morales aux formes (qui sont alors jugées belles, élégantes, vraies ou pures, *vs* d'autres qui sont estimées relâchées et vulgaires...) ;
– les **normes fantasmées (5)** sont parfois fort éloignées des pratiques réelles et peuvent se greffer sur les quatre autres types. À leur propos, Marie-Louise Moreau précise qu'«une proportion importante de locuteurs se représentent la norme comme un ensemble abstrait et inaccessible de prescriptions et d'interdits, qu'ils ne voient s'incarner dans l'usage de personne et par rapport auquel tout le monde se trouve donc nécessairement en défaut» (Moreau, 1997 : 222).

Cette typologie est d'emblée pertinente pour l'enseignant de langue car elle lui permet de se situer lorsqu'il émet un jugement à propos d'un énoncé. Par exemple, lorsque chez des apprenants de niveau avancé (ou en contact avec des natifs) il sanctionne : «aller au coiffeur» parce que le bon usage recommande «aller chez le coiffeur»[5], il se réfère a une **norme prescriptive (3).** Accepter un tel emploi revient, en revanche, à prendre pour norme de référence la **norme de fonctionnement (1)** de la langue (dans la perspective des

---

5. Jean-Claude Milner, qui s'intéresse à la question (1995 : 80), rappelle que lorsqu'il s'agit de désigner le lieu où s'achève un mouvement, le français sépare les désignations d'humains de celles de lieux inanimés (je vais chez le pape/je vais à Rome). Le problème provient de ce que «le coiffeur» peut à la fois renvoyer à la personne et à la boutique (par le procédé de métonymie : je vais à la/au (boutique du) coiffeur). Voir aussi à ce propos F. Gadet (1989 : 15) qui se place du point de vue de la logique du système et qui constate que pour les autres propositions cette opposition animé/non animé n'est pas pertinente.

travaux de Frei, il est probable que dans un siècle ou peut-être même avant, la norme risque de devenir pour cette construction « aller au coiffeur »). Des étudiants de niveau avancé auront tout à gagner s'ils sont informés de ce type de variations… Cette typologie permet donc au moins de tracer une première ligne de partage entre ce qui est de l'ordre du jugement esthétique (« ça n'est pas très élégant », « ça ne fait pas français »…) et l'écart par rapport à l'usage réel, c'est-à-dire les normes de fonctionnement (1).

Mais il faut aller au-delà car l'enseignant de langue doit répondre à des questions comme : cette production (orale ou écrite) est-elle compréhensible ? interprétable ? acceptable ? grammaticale ? Répondre à ces questions n'est pas toujours facile, comme le montre Danièle Leeman-Bouix dans un ouvrage au titre provocateur, *Les fautes de français existent-elles ?*, qu'elle consacre à la discussion des justifications données par les puristes lorsqu'ils condamnent tel ou tel usage, comme l'emploi du subjonctif avec « après que ». Il n'est pas rare que même dans la littérature spécialisée, de vraies questions restent sans réponse. Ainsi, Frédéric François se demande comment justifier le caractère « agrammatical » d'un énoncé tel que : « Le ballon est en haut de la petite fille » (François, 1974 : 189).

C'est pourquoi dans un premier temps nous allons essayer de débroussailler le terrain en déterminant quelle est la **portée de l'erreur**. Pour cela, nous proposons de nous arrêter sur quelques notions comme celles de système, de grammaticalité, de norme, de correction, d'usage, d'interprétation sémantique…

Le chauffeur de taxi parisien bloqué dans les embouteillages qui déclare à Marina Yaguello : « Ça voiture sec aujourd'hui ! » et qui de surcroit, glose : « Il pleut des voitures, quoi ! » interroge la conception que nous avons de la norme et rend compte des potentialités du système :

> « "Ça voiture sec", "Il pleut des voitures" sont certes des énoncés marginaux, mais ils s'inscrivent d'emblée dans un paradigme, celui des constructions impersonnelles ; ce qui signifie que, même s'ils sont perçus comme des écarts, ces énoncés se rattachent à des structures existantes dans la langue […]. L'aptitude aux énoncés "déviants", tout comme la capacité de produire des énoncés "grammaticaux", est issue de la compétence linguistique du sujet parlant » (Yaguello, 1991 : 9).

Marina Yaguello introduit ici une distinction importante : **le système de la langue** et **la norme**. Les notions d'« écart » et de « marginalité » renvoient à la norme et les notions de « paradigme » et de « structure » renvoient au système de la langue. Ainsi, la notion de *grammaticalité*[6] concerne l'adéquation aux règles de la langue. Gadet et Galmiche (1986 : 308) l'associent, eux aussi, à la compétence linguistique et à des questions comme : « Cet énoncé appartient-il à la langue ? », « Est-il bien formé ? » La notion de grammaticalité doit donc être différenciée de la *correction* qui est associée à des jugements de valeur qui font préférer des énoncés comme : « As-tu fini de manger ? » ou bien « Où ton père est-il ? » à des énoncés jugés d'un niveau de langue à proscrire comme : « T'as fini de bouffer ? » ou bien « Où qu'il est ton paternel ? ». La notion de *correction* renvoie donc à la catégorie **normes prescriptives (3)**. Même si, par ailleurs, on objectera à juste titre que la « compétence linguistique » évoquée n'est pas analogue chez un locuteur natif et chez un apprenant de langue étrangère. La différence majeure, du moins dans les premiers temps de l'apprentissage, est que l'un dispose d'une intuition de la langue qui fait défaut à l'autre. Le natif produira éventuellement des énoncés « hors normes » (« Où qu'il est ton paternel ? ») mais beaucoup plus rarement « hors système ». Tel n'est pas le cas de l'apprenant de langue étrangère **pour lequel il faut d'emblée compter sur une gamme ou une amplitude d'erreurs bien plus large**. Des énoncés tels que « je le te prends » ou « je me viens » se situent « hors système » et, sauf cas de pathologie du langage, ont peu de chances d'être entendus chez un locuteur natif.

De même, deuxième constat important, l'interaction entre l'**usage** et le **système** ne peut pas être oubliée puisque toutes les potentialités du système de la langue ne sont pas obligatoirement actualisées dans l'usage. Cela a donc pour conséquence qu'il ne peut y avoir d'application « mécanique » de règles de ce système. Prenons deux exemples

---

6. Ces notions centrales dans la théorie générativiste ont fait l'objet de nombreuses gloses. Pour R. Martin (1978 : 11), la recevabilité d'un énoncé peut s'apprécier à différents niveaux. L'acceptabilité relève de la performance, alors que la grammaticalité et la sémanticité relèvent de la compétence. Dans cet ouvrage, sans les employer forcément dans un sens contradictoire, nous nous affranchissons néanmoins de ces références théoriques tout en conservant la terminologie pour laquelle nous précisons le sens attribué.

à des niveaux différents. Premier exemple : le préfixe privatif « in » s'actualise de manière très variable et assez imprévisible pour un étudiant étranger : si « attaquable » donne « inattaquable », « gérable », « ingérable », en revanche on ne trouve pas « aimable » → « *inaimable ». De plus, certains contextes phonétiques ont également des incidences sur la morphologie : « in » + « limité » → « illimité », « in » + « réductible » → « irréductible » (Chiss, Filliolet et Maingueneau, 1993 : 130). Deuxième exemple : le pluriel correspondant aux noms en « al » offre deux possibilités, soit « als », soit « aux ». Or, si le choix n'est pas possible pour « chacal » ou « cheval » qui font obligatoirement leur pluriel en « chacals » et « chevaux », le choix demeure, en revanche, pour « banal » et « idéal » (banals/banaux ; idéals/idéaux) (Gueunier, 1982 : 18). Difficultés que les apprenants de langue étrangère partagent avec les natifs. Dans ce domaine, les uns comme les autres sont susceptibles d'appliquer les mécanismes des règles du système au-delà de leur domaine d'application. C'est aussi dans cet interstice entre le système et l'usage – dans cette zone un peu floue – que viennent se loger les écarts ludiques ou littéraires – socialement valorisés – comme ceux de Michaud ou Queneau, cités précédemment.

S'il n'y a rien de surprenant à ce que dans le Poitou, région rurale, il *pleuve comme vache qui pisse*, on peut s'étonner cependant qu'il puisse pleuvoir des *hallebardes* ou des *voitures* ! L'**interprétation** du message et la **signification sémantique** constituent un autre aspect important à prendre en considération, mais là aussi il faut « marcher sur des œufs ». Robert Martin rapporte :

> « Certains locuteurs interrogés sur l'exemple célèbre de Chomsky des *idées vertes qui dorment furieusement* ont estimé qu'il s'agissait de "poésie moderne" […]. Quelqu'un m'a dit, le sourire aux lèvres il est vrai, que cela pouvait s'interpréter ainsi : une idée qui dort furieusement est une idée totalement oubliée ; une idée verte est l'idée de se remettre au vert. Bref, "nous avons renoncé à nous mettre au vert" » (Martin, 1978 : 12).

Au moment où ce texte a été rédigé, le groupe politique des Verts n'existait pas encore… En 2002, l'interprétation serait sans doute encore différente. On distinguera aussi entre **le sens** et **la signification**. Si l'on suit Martin, le sens peut être reconstitué à partir des informations que l'on trouve dans un dictionnaire et se prête à des paraphrases linguistiques : « le chat mange la souris » → « le matou avale le petit rongeur ». On admettra que, dans le domaine de l'apprentissage des langues, le sens puisse être interprétable alors que la syntaxe de la phrase n'est pas acceptable : *elle venir maison* ou *moi aimer toi* ; et qu'inversement, certaines phrases syntaxiquement acceptables puissent être ininterprétables, voire inintelligibles. Le cas de l'enchâssement des relatives est connu : « Le livre que mon ami de Belgique que tu connais a écrit est un grand succès », ou plus difficile encore : « Le rat que le chat que le chien a mordu a poursuivi a pris la fuite », cité par Martin (1978 : 7). La signification renvoie au sens en contexte et se trouve associée à des paraphrases pragmatiques. Ce qui conduit à prendre en considération un dernier aspect, celui de la pertinence par rapport au contexte.

L'adéquation ou la pertinence de l'énoncé d'un point de vue pragmatique ou communicatif est bien entendu capitale. Face à une question telle que : « Viens-tu dîner à la maison, ce soir ? » on s'attend à une réponse positive ou négative assortie éventuellement d'arguments, mais on ne s'attend pas à : « Cette robe, elle a l'ourlet qui est décousu »… à moins que le contexte (une personne en train de coudre) ne permette à l'interlocuteur d'interpréter cela comme : « Je ne peux pas venir car je dois terminer ce que j'ai commencé. » La prise en compte du contexte est fondamentale : il existe bien des univers dans lesquels les lapins se font appeler « votre excellence » et essuient leurs lunettes[7]…

---

7. Dans *Alice au pays des merveilles*, bien sûr !

En conclusion, que retenir pour l'interprétation des erreurs ?

À propos de la **langue de référence,** notons qu'elle peut être influencée par un certain nombre de facteurs. On en retiendra **cinq** types :

> **CINQ TYPES DE VARIATIONS**
> 1. La **variation diachronique** (liée au **temps**, à l'**histoire**) par ex., l'écriture de « quarreau » puis de « carreau ».
> 2. La **variation diatopique** (liée aux **lieux**) par ex., « la myrtille » en France qui se nomme « le bleuet » au Canada.
> 3. La **variation diastratique** (liée à la **dimension sociale**) par ex., « la fille que je sors avec »/[esplike].
> 4. La **variation diaphasique** (liée à la **situation**) par ex., « Mais que faites-vous, Monsieur ?/Mais qu'est-ce que tu fous ? ».
> 5. Les **variations liées à l'oral et à l'écrit** par ex., [fopaldir]/il ne faut pas le dire.

Enfin à propos de l'erreur, définie pour l'instant comme un écart, on retiendra d'abord son caractère **relatif** selon le **contexte d'apparition**, puis différents niveaux dans **la portée de cet écart** (sans exclure d'ailleurs qu'ils puissent se chevaucher) :

> **QUATRE NIVEAUX DANS LA PORTÉE DE L'ÉCART**
> 1. Écart affectant l'adéquation au contexte communicatif (pragmatique) par ex. : « D'où venez-vous ? – Depuis septembre. »
> 2. Écart affectant le système de la langue (a-grammaticalité) par ex. : « *je te le prends tout » ; « *on a allé à londra où il se crèche ».
> 3. Écart affectant la compréhension du message (sens/signification) par ex. : « les polices viennent. Ils se sont mis en prison. »
> 4. Écart affectant la norme ou le bon usage (correct/incorrect) par ex. : « aller au docteur » ; « il est dessous la couette ».

DEUXIÈME PARTIE

L'erreur et la faute

« Il ne peut y avoir un modèle unique ou une grille universelle d'AE (analyse d'erreurs) […] car l'identification des erreurs, tout comme l'analyse elle-même, dépend du type de production et des conditions de production, et plus précisément du type d'activité langagière (mode d'expression : orale ou écrite ; traduction ; test ; etc.) ; du degré (objectif et subjectif) de contrainte et de liberté ; du type de texte et de discours ; du contenu thématique ; de la situation de communication (authentique ou simulée) ; etc. Le rôle et le poids respectifs des critères utilisés varient considérablement selon les cas. »

Rémy Porquier (1977),
« L'analyse des erreurs… »,
ÉLA, 25 : 35.

■ L'INTERPRÉTATION DE L'ERREUR

Cette partie mettra l'accent sur l'erreur et la faute. Des points de repère – principalement historiques – permettront de situer la place et l'évolution de ces notions dans des secteurs disciplinaires qui intéressent la didactique des langues.

Seront ainsi évoqués des travaux tels que ceux sur les parlers des migrants, témoignages de l'acquisition en milieu non guidé, ou ceux plus contemporains sur les interactions exolingues. En guise d'ouverture, le point de vue de la psychologie cognitive s'avère doublement justifié : il offre un regard décentré ; et il permet de prendre de la hauteur : les mécanismes en tant que tels de l'erreur y sont analysés dans leurs grands principes et on peut légitimement supposer qu'ils n'entreront pas en contradiction avec ceux qui interviennent lors de l'appropriation d'une langue.

Après un rappel de la place de l'erreur dans les méthodologies des langues, un tableau introductif brossera le contour de périodes distinguées à des fins heuristiques. Les autres chapitres de cette partie, les plus importants, s'attacheront à présenter de manière plus approfondie ce qui peut être considéré comme les quatre courants majeurs de l'approche psycholinguistique : l'*analyse contrastive*, l'*analyse des erreurs*, l'étude des *interlangues* et celles des *parlers bilingues*. Ce parcours associera les suggestions pédagogiques qui accompagnent ces courants (*grille du Belc, pédagogie de la faute ou de l'acceptabilité*...).

En guise de conclusion, on essaiera de voir comment les travaux évoqués dans cette partie sont susceptibles de modifier notre rapport à l'erreur en situation d'enseignement/apprentissage d'une langue étrangère.

CHAPITRE 5

L'erreur dans le domaine de la psychologie cognitive

Les erreurs qui se produisent lors de l'appropriation d'une langue étrangère sont rarement dramatiques. En revanche, un désastre comme celui de Tchernobyl donne d'autres proportions et d'autres enjeux au concept de l'erreur. Le contrôle et l'élimination des erreurs sont donc vitaux pour ceux qui veillent sur la sécurité des technologies à hauts risques. Les travaux des théoriciens de la cognition qui se sont intéressés aux **principes généraux de production de l'erreur** apportent un éclairage pertinent pour un enseignant de langue en dépit d'un domaine d'application fondamentalement différent. Pour la psychologie cognitive, l'erreur, tel un iceberg, est un moyen d'exhiber des processus mentaux auxquels on n'a pas directement accès. James Reason rappelle avec Ernst Mach que « la connaissance et l'erreur coulent des mêmes sources mentales, seul le succès permet de différencier l'une de l'autre » (Reason, 1993 : 22). Ce psychologue cognitiviste avance aussi que, contrairement à ce que l'on imagine, les erreurs prennent un nombre limité de formes. La compréhension de leurs causes nécessite d'articuler trois aspects : a) la nature de la tâche ; b) les conditions de réalisation et c) les mécanismes qui régissent l'activité et la spécificité du sujet (Reason, 1993 : 25). De plus, l'erreur est indissociable de la notion d'intention qui réunit la représentation du but à atteindre et celle des moyens à mettre en œuvre pour y parvenir. C'est ainsi qu'il distingue des échecs de planification (les fautes) et des échecs d'exécution (ratés et lapsus) ; il donne au terme « erreur » un statut générique qui couvre « tous les cas où une séquence planifiée d'activités mentales ou physiques ne parvient pas à ses fins désirées et quand ces échecs ne peuvent pas être attribués au hasard» (*ibid.*, 31). Dans son modèle générique de l'erreur humaine (GEMS : *Generic Error-Modelling System*), Reason propose de distinguer **trois types d'erreurs** liées à des niveaux d'activité cognitive différents.

TYPE 1 : LES RATÉS ET LES LAPSUS

Ils mettent en cause des fonctionnements routiniers qui, le plus souvent, sont déviés pour des raisons d'inattention ou au contraire d'attention excessive (vérification inopportune) :

> «(1) Je marchais vers ma bibliothèque pour prendre le dictionnaire. En le retirant de l'étagère, j'ai fait tomber d'autres livres par terre. Je les ai remis en place et je suis retourné à mon bureau sans le dictionnaire» (Reason, 1993 : 112).

TYPE 2 : LES FAUTES BASÉES SUR DES RÈGLES

Elles portent sur des processus plus élaborés (de «haut niveau», dit-on dans le jargon des psychologues) qui mettent en œuvre des stratégies telles que l'évaluation de l'information disponible, la détermination d'objectifs, et *in fine* des décisions pour atteindre les objectifs fixés. Une bonne règle est une règle qui s'est révélée utile dans une situation particulière mais qui nécessitera d'être aménagée quand surviendra une exception. Deux distinctions doivent encore être faites : a) les erreurs provenant d'une *mauvaise application de bonnes règles*, comme dans l'exemple ci-après :

> Monsieur X, en stationnement, s'apprête à s'intégrer dans le trafic. Il voit une voiture rouge dans le rétroviseur extérieur qui s'approche. Après avoir donné un coup d'œil dans le rétroviseur intérieur qui permet de mieux percevoir les distances, il commence à s'engager sur la voie car la voiture rouge lui semble suffisamment éloignée. Mais, à sa grande surprise, lorsqu'il a déboîté il a failli avoir un accident avec une voiture rouge. En réalité il y avait **deux** voitures rouges qui se suivaient : la première ne pouvait se voir que depuis le rétroviseur extérieur. Il avait supposé qu'il ne s'agissait que d'une seule et même voiture[1] (D'après Reason, 1993 : 118).

et b) les erreurs provenant de *règles fausses*. Afin de favoriser la compréhension du mécanisme, Reason s'appuie sur les recherches de Karmiloff-Smith qui portent sur l'acquisition du langage pour illustrer la manière dont se construisent les structures de règles. Ces travaux, quoique anciens (1984) et donc connus, méritent cependant un bref rappel. À partir de l'observation d'un phénomène de régression apparente[2], chez les enfants, cette psychologue américaine construit un modèle en trois phases qui rend compte de la manière dont les enfants acquièrent les routines ou les mécanismes pertinents pour la résolution de problèmes.

Dans la première phase, nommée « procédurale », l'enfant construit une règle pour chaque situation en fonction des rétroactions que provoquent ses actions ; cette phase suscite peu d'erreurs. Dans la deuxième phase, nommée « métaprocédurale », l'enfant généralise (organise et relie en quelque sorte) les démarches qui fonctionnaient de manière indépendante dans la phase 1 (c'est dans cette deuxième phase que des formes d'erreurs très prédictibles et nombreuses apparaissent ; elles sont liées à une application rigide et non contextuelle des règles découvertes). La troisième phase, nommée « conceptuelle », est celle qui fait intervenir des mécanismes de régulation plus subtils. On revient ici à une phase où peu d'erreurs sont produites (comme dans la phase 1) mais le savoir-faire résulte ici d'un traitement moins coûteux du point de vue cognitif.

Il est utile de garder ces informations en mémoire car elles permettent de mieux comprendre les cas où les erreurs résultent de *règles fausses*. Cette dernière catégorie peut encore se subdiviser en deux sous-ensembles : celui des erreurs liées à des questions d'*encodage*, c'est-à-dire des erreurs qui résultent d'une mauvaise interprétation des indices ou des caractéristiques de la situation[3] ; et celui

---

1. La « bonne règle » dans ce cas précis consistait dans la vérification dans le rétroviseur intérieur car il restitue les distances de manière plus précise ; mais elle a été mal appliquée car la décision prise ne concernait pas la « bonne » voiture.
2. Des enfants qui, après avoir commencé à employer la forme régulière du passé en anglais -*ed*, se mettent soudain à produire des formes telles que *goed* ou *breaked* alors qu'ils disaient précédemment *went* et *broke*, donc les formes irrégulières correctes.
3. Alors que les enfants de cinq ans sont capables d'interpréter l'effet du poids relatif de chaque côté du fléau de la balance, la non-compréhension par ces mêmes enfants des effets de la distance du poids par rapport à l'axe du fléau est interprétée par Reason comme un défaut d'encodage.

constitué par les erreurs résultant de *règles fausses* liées à un défaut de l'action[4].

En résumé, les fautes basées sur les règles, tout comme celles sur les connaissances déclaratives que l'on va évoquer maintenant, proviennent de situations de résolution de problèmes. Face à ces situations complexes, il semble que les sujets commencent par vérifier si cette configuration n'a pas été rencontrée par le passé. Si tel est le cas, une démarche de type «*Si [condition] alors [action]*» est appliquée. Lorsque cette procédure ne conduit pas à une solution adéquate se mettent en place d'autres stratégies plus laborieuses et moins automatisées.

TYPE 3 : LES FAUTES BASÉES SUR LES CONNAISSANCES DÉCLARATIVES

Ces fautes sont à mettre en relation avec la théorie des schémas[5] qui sont des structures d'organisation cognitives complexes. Les fautes basées sur les connaissances déclaratives proviennent de deux causes principales :
– d'une part, la «rationalité limitée», qui concerne la non-prise en compte par les individus de la totalité des détails intervenant dans les scénarios possibles. Cette rationalité limitée a été qualifiée de vision «par le trou de la serrure» (Reason, 1993 : 68) ;
– et, d'autre part, celles qui sont liées à l'élaboration d'un modèle mental incomplet ou inadéquat de l'espace problème (l'image explicative proposée ici par James Reason est celle d'un halo de lumière dirigé sur un écran qui laisserait dans l'ombre une surface importante de l'écran…). Dans ce dernier contexte, les fautes sont liées à des

---

4. Un exemple de défaut lié à l'action est encore fourni par les enfants qui font des erreurs de soustraction et qui adoptent des conduites erronées lors de l'application des retenues, par exemple en les oubliant systématiquement…
5. «Les schémas sont conçus comme des blocs de connaissances, à savoir, des unités groupées en mémoire et récupérables comme telles, autonomes de ce fait vis-à-vis d'autres connaissances […] ; des structures générales et abstraites applicables à des variétés de situations concrètes […]. Il s'agit donc de savoirs déclaratifs, sur des situations, ou de savoirs procéduraux, ou encore de savoirs spécialisés liés à des domaines de compétence d'activités spécifiques» (Vigneaux, 1991 : 214). Dans la vie quotidienne, nous activons sans en avoir conscience de nombreux schémas. Si depuis Paris je dois me rendre à Lima, j'activerai une série de schémas liés aux transports aériens plutôt que des schémas qui associent des transports routiers ou par chemin de fer…

choix d'éléments non pertinents, à des biais de confirmations, à des corrélations illusoires et à des difficultés d'attribution de la causalité en général[6].

Après cette typologie, et pour clore ce rapide rappel issu de la recherche cognitive, voici ce que signalent les psychologues à propos de la détection des erreurs :

> « L'erreur peut être détectée par trois mécanismes de base. Elle peut être découverte par un processus d'autocontrôle. […] ce type de processus est le plus efficace aux niveaux d'activité physiologiques et basés sur les automatismes. L'erreur peut être signalée par des indices de l'environnement, les plus évidents consistant en des fonctions de contrainte qui empêchent d'avancer plus loin. Elle peut aussi être découverte par un tiers. **Il semble que ce mode de détection par les autres soit la seule manière dont certaines erreurs de diagnostic soient mises en évidence dans les situations complexes et très stressantes** » (Reason, 1993 : 237).

Ces propos appellent deux remarques : premièrement, la possibilité d'une autocorrection est fortement mise en doute pour les deux derniers types d'erreurs ; et, deuxièmement, par voie de conséquence, la nécessité de l'intervention d'un tiers s'avère indispensable (ce qui met en évidence le mirage des situations d'auto-apprentissage exclusives de toute autre forme d'enseignement). Par ailleurs, on voit d'emblée les correspondances que l'on peut établir à partir de ces travaux avec les situations d'enseignement/apprentissage des langues. Les erreurs de type 1, liées aux automatismes, nous renvoient à des erreurs dues à des pressions diverses (stress, rapidité, fatigue…) telles que l'oubli des marques du pluriel, des accents diacritiques sur le « à » ou sur le « où »… que le scripteur sera capable de corriger tout seul. À l'inverse, les deux autres niveaux de complexité pourraient correspondre à des difficultés telles que les règles de concordance des temps dans les subordonnées ou les variations morphologiques de certains pluriels irréguliers (*cf.* ceux évoqués dans le chapitre 4 en « -als » et en « -aux ») ; enfin, le dernier niveau serait à mettre en relation avec des difficultés d'ordre textuel ou discursif global comme la

---

6. Dans son ouvrage, *Les Décisions absurdes. Sociologie des erreurs radicales et persistantes* (Gallimard, 2002), Christian Morel évoque des cas d'enchaînements d'interprétations erronées qui aboutissent à l'effet contraire de celui qui est escompté.

gestion des marques réglant la hiérarchisation des différents arguments dans un texte visant la persuasion... ou le réglage du système temporel dans un texte à visée narrative. Erreurs qui ne pourront être détectées qu'avec l'aide de l'enseignant.

CHAPITRE 6

L'erreur en didactique des langues et dans les travaux sur l'acquisition

Si dans le secteur de la formation la place accordée à l'erreur est un indice des conceptions pédagogiques, c'est peut-être en didactique des langues que les variations deviennent particulièrement saillantes et agissent comme de véritables révélateurs des références (psychologiques ou linguistiques) sous-jacentes à l'enseignement/apprentissage.

Même s'il est vrai que les ouvrages consacrés à l'histoire des courants méthodologiques accordent une place croissante à la question des écarts à la norme et que – progressivement – le terme d'« erreur » a pris de l'ascendant sur celui de « faute », on peut s'étonner néanmoins de **la place mineure accordée à l'erreur en didactique des langues**. On peut considérer avec Daniel Coste (1992) qu'il s'agit là d'un témoignage de ce qui a séparé pendant un temps les recherches en acquisition des langues de celles conduites en didactique des langues étrangères. La ligne de partage, on le sait, s'articule autour de la question du contexte et fonde la traditionnelle dichotomie : acquisition/apprentissage. Avec, du côté de l'**apprentissage,** une motivation volontaire (et donc consciente) et un cadre institutionnel : celui de la classe de langue ; et, du côté de l'**acquisition,** une appropriation de la langue réalisée de manière intuitive et au gré des contacts avec le milieu. Dans ces « divergences d'une même famille »[1] selon l'expression de Coste (1992 : 320), le camp de l'er-

---

1. Daniel Véronique s'est attaché à plusieurs reprises (1992 ; 1994) à nuancer et à minimiser les divergences de ces deux contextes d'apprentissage : « L'appropriation d'une L2 semble suivre les mêmes cheminements quelles que soient les situations d'exposition et d'emploi, en milieu guidé ou non guidé » (Véronique, 1994 : 67) mais il ne s'agit pas d'une position récente puisqu'elle est défendue dès le début des années 80 (voir, par ex., Py dir., 1984).

reur est résolument situé dans celui de l'acquisition comme on va le voir ci-après.

En 1976, le *Dictionnaire de didactique des langues* propose un renvoi pour l'item «erreur» et développe, en revanche, «faute» qui «désigne divers types d'erreurs ou d'écarts par rapport à des normes elles-mêmes diverses» (Galisson et Coste, 1976 : 215). Cette année-là, Eddy Roulet prône déjà une position qui n'a pas pris une ride trente ans plus tard : «Il faut éviter en particulier de pénaliser les erreurs de l'étudiant, car elles constituent pour lui un moyen très utile pour vérifier la validité d'une hypothèse, mesurer le champ d'application d'une règle et dégager les généralisations nécessaires sur la langue comme instrument de communication» (Roulet, 1976 : 57).

En 1988, dans l'index de l'*Histoire des méthodologies de l'enseignement des langues* de Christian Puren, c'est «faute» qui renvoie à «erreur». Ce dernier terme comporte une dizaine de références dont la plus développée évoque le changement radical de conception lors du «passage» de la *méthode traditionnelle* à la *méthode directe*. Dans la démarche traditionnelle, les erreurs sont attendues puisque des «pièges» obligent le recours aux règles grammaticales que les élèves doivent connaitre ; en revanche, dans la méthodologie directe émergent, dit Christian Puren en substance, les signes avant-coureurs du renforcement positif (qui est caractéristique du behaviorisme). Plus loin, à propos de l'approche audio-orale qui applique précisément les principes behavioristes, surgissent des remarques telles que : «Pour éviter le plus possible des risques d'erreurs de la part de l'élève, [...] [on élabore] une gradation grammaticale strictement programmée par difficultés minimales...» (Puren, 1988 : 307).

Toutefois, si l'on veut suivre les méandres du statut des erreurs dans les différentes méthodologies, il faut attendre 1993, car ce n'est que dans *Évolution de l'enseignement des langues : 5000 ans d'histoire* de Claude Germain que l'on trouvera une référence systématique, pour chacun des courants présentés, sur le statut et la place accordés à l'erreur.

Sans entrer dans le détail d'un tel rappel historique, on propose dans le tableau ci-contre trois repères fondamentaux.

Mais c'est dans le domaine de l'**acquisition** que l'erreur occupe une position centrale. C'est l'évocation du statut de l'erreur dans ce domaine qui va nous permettre d'entrer dans le cœur du sujet.

Période	Représentation associée au cerveau	Modèle psychologique associé	Démarches d'enseignement et statut de l'erreur
fin XIXe-début XXe siècle	**image d'un muscle**	– psychologie des facultés – exercices d'entraînement de plus en plus difficiles…	– grammaire/traduction – règles, listes de vocabulaire – **l'erreur témoigne des faiblesses**
de 1940 à 1960	**image d'une boîte noire**	– behaviorisme, apprentissage par accumulation d'expériences (conditionnement : imitation)	– exercices structuraux (automatismes linguistiques) stimuli/réponses/ renforcements – **l'erreur est exclue de l'apprentissage**
de 1960 à aujourd'hui	**image d'une unité de traitement de l'information : ordinateur**	– constructivisme, l'apprentissage est un processus mental volontaire et contrôlé par les apprenants	– jeux de rôles, approches privilégiant la communication ; appui sur des documents authentiques – **l'erreur est un repère sur l'itinéraire de l'apprentissage**

■ L'INTERPRÉTATION DE L'ERREUR

D'HIER À AUJOURD'HUI : DE LA CONCEPTION DE LA FAUTE À L'ÉTUDE DES MARQUES TRANSCODIQUES

Le tableau ci-après regroupe les quatre principaux « courants » (l'*analyse contrastive*, l'*analyse d'erreurs*, les études sur les *interlangues*, et celles sur les *parlers bilingues*) en fonction de sept paramètres (période, théories linguistiques et psychologiques associées, principaux concepts, chercheurs notoires, relations avec la L1, et enfin, objet d'étude) qui permettent d'identifier des domaines difficiles à « cerner ».

Mais cette présentation, qui a pour objectif de débroussailler le terrain, restitue une vision simplifiée et partiellement fausse pour des esprits soucieux du détail. En effet, ce qui est présenté comme disjoint dans les cases du tableau est davantage à appréhender comme un continuum : ce dont témoignent de manière significative les stimulants travaux de Bernard Py qui couvrent l'ensemble de la période considérée. Car s'il est possible de situer l'émergence d'un courant, à partir d'un article ou d'un ouvrage fondateur, il est bien plus risqué, en revanche, d'en déterminer le terme puisque certains d'entre eux (comme l'analyse contrastive) ont pu évoluer vers d'autres objets d'étude ou ont pu retrouver une nouvelle vigueur à partir de reformulations plus nuancées des hypothèses initiales... De même, les frontières peuvent aussi varier selon les pays. Ainsi, dans l'état des lieux du domaine franco-suisse proposé pour un public anglo-saxon en 1986, Colette Noyau et Daniel Véronique (1986 : 245) insistent sur la spécificité de ce contexte, dans lequel l'analyse d'erreurs prévaut par rapport à l'analyse contrastive. Cela résulte d'une tradition pédagogique ancienne de classement des erreurs que les auteurs font remonter au XVIIe siècle ; et du caractère fortement plurilingue des contextes concernés : la linguistique appliquée française de ce temps-là travaille beaucoup avec l'Afrique. Or, l'absence de description des vernaculaires rend la comparaison difficile et, par voie de conséquence, l'analyse contrastive proprement dite irréalisable (*cf.* chap. 7, la grille du Belc).

Ce tableau pointe néanmoins quelques mutations notables. Illustrons-les à partir des évolutions de l'« objet d'étude ». Pour l'analyse contrastive, l'objet d'étude est la structure des langues qui sont comparées afin de déterminer la source des difficultés des apprenants. Toutefois, la faible efficacité des hypothèses retenues (inadéquation entre les erreurs prévues et celles effectivement produites) conduira à un premier déplacement avec l'analyse d'erreurs puisque cette dernière collectera des erreurs effectivement produites par des élèves : on passe donc d'un objet d'étude « structures de la langue » à un objet d'étude « corpus d'erreurs » (première mutation).

Ensuite, la réflexion méthodologique associée à de vastes projets de recherche (comme le projet ESF, voir plus loin) conduira les chercheurs à élaborer des corpus longitudinaux (deuxième mutation). Dans ces corpus longitudinaux, qui caractérisent les études de l'interlangue, les chercheurs s'intéressent d'abord à des phénomènes linguistiques (par exemple, les étapes de l'acquisition de la négation chez tel ou tel groupe de migrants...). Puis on s'attachera aux stratégies particulières mises en œuvre dans des contextes de communication qui associent deux interlocuteurs ayant des compétences linguistiques inégales (on observera ainsi des procédés de reformulation, d'appel à l'aide, de panne lexicale... entre une adolescente qui effectue un séjour linguistique et la personne qui l'accueille). De fil en aiguille, on assiste ainsi au troisième déplacement de l'objet d'étude, marqué encore aujourd'hui par le sceau des perspectives ethnométhodologique et conversationnelle dans les études sur les parlers bilingues. Bien sûr, les concepts évoluent eux aussi : on verra ci-après que les changements terminologiques comme le passage de « faute » à « marque transcodique » sont autre chose qu'une simple coquetterie de chercheur.

■ L'INTERPRÉTATION DE L'ERREUR

Tableau introductif à l'évolution de la notion d'erreur : de la conception de la faute à l'étude des marques transcodiques

Courant	Période	Description linguistique de référence	Théorie psychologique de référence
Analyse contrastive (*analyse* a priori) (AC)	à partir de **1950**	Linguistique structurale distributionnelle **L. Bloomfield**	Associationnisme behaviorisme **B. F. Skinner**
Analyse d'erreurs (*analyse* a posteriori) (AE)	à partir de **1970**	Linguistique générative **N. Chomsky**	Constructivisme **J. Piaget**
Interlangues ou **Langues de l'apprenant** (IL)	à partir de **1980**	Linguistique générative **N. Chomsky** Sociolinguistique **W. Labov**	Constructivisme **J. Piaget**
Les parlers bilingues	à partir de **1985-1990**	Ethnographie de la communication Pragmatique Énonciation **I. Goffman** **J. Gumperz**	Interactionnisme social **L. Vygotski** **J. Bruner**

Concepts associés	Chercheurs	Relations avec la L1	Objet d'étude
– transferts (positifs et/ou négatifs) – interférences, calques, emprunts	C.C. Fries R. Lado B. Py C. Noyau	La L1 doit être autant que possible «évacuée» de l'apprentissage	Structures des langues en présence indépendemment des réalisations des apprenants
– faute relative / faute absolue – erreur systématique, non systématique – erreur / faute – simplifications – surgénéralisations – fossilisations	P. Corder R. Porquier B. Py C. Noyau	Comparaisons entre L1 et L2 mais prise en compte des erreurs liées à l'analogie intralinguale	Recueil d'erreurs (peu de prise en compte du contexte: oral / écrit, type de texte, etc.)
Langue cible (*grammaires intériorisées, systèmes idiosyncrasiques*)	L. Selinker (1972) Cl. Perdue B. Py D. Véronique K. Vogel	Prise en compte des erreurs et mise en relation avec les formes correctes: découvrir le système	Corpus longitudinaux (plus de rigueur méthodologique dans le recueil des données) Projet ESF
– situation exolingue – marques transcodiques – contrat didactique – séquences potentiellement acquisitionnelles (SPA) (1988) – répertoire verbal mixte	J.F. de Pietro M. Matthey Th. Vasseur L. Mondada B. Py	Tremplin pour l'apprentissage de la L2. (D. Moore)	Échanges conversationnels entre natif et non-natif (asymétrie des compétences linguistiques)

CHAPITRE 7

L'analyse contrastive (AC)

L'expression « analyse contrastive » est ambigüe car elle peut renvoyer à deux domaines différents qui n'ont ni les mêmes finalités, ni les mêmes démarches d'investigation, ni les mêmes objets d'analyse.

ANALYSE CONTRASTIVE ET TRADUCTION

Il y a, d'une part, les travaux qui portent sur les comparaisons translinguistiques de textes, c'est-à-dire sur la comparaison des différences structurelles, pragmatiques, énonciatives existant entre deux ou plusieurs langues et qui s'appuient pour cela sur des corpus de textes (oraux ou écrits, littéraires ou non). Ces travaux ont pour finalité d'étayer la *traduction*[1] et les domaines traités reflètent les préoccupations actuelles des sciences du langage. Il peut s'agir de questions classiques comme le traitement des aspects temporels ou de sujets plus délicats comme la recherche d'« équivalents communicatifs » qui conduisent à aller au-delà du strictement linguistique et à théoriser, par exemple, le passage d'une culture à une autre. Tel est le cas des aventures éminemment gauloises d'Astérix traduites en vingt-neuf langues, et pour lesquelles Bertrand Richet (1993) démonte le processus d'équivalence des citations littéraires dans la version anglaise. Ici, les traducteurs se glissent dans les interstices linguistiques et culturels et doivent néanmoins maintenir le cap sur l'humour et la parodie. On voit alors comment un palimpseste de Shakespeare vient se substituer à la citation de Corneille, dans les *Astérix chez les Bretons* :

---

1. Je remercie Hélène Chuquet pour les références d'analyse contrastive en vue de la traduction.

Version française : « À vaincre sans péril, on évite les ennuis !... par conséquent... À l'attaque ! » (Corneille, *Le Cid*, II, 2, 434).
Version anglaise : *"Then imitate the action of the Tiber! On, on, you noblest Romans, Attack!"*

pour laquelle le lecteur anglais saura restituer la source shakespearienne :

> *"But when blast of war blows in our ears,*
> *Then, imitate the action of the tiger; [...]*
> *– On, on, you noblest English!"* (*Henry V*, III, 1, 6-7, 17).

ANALYSE CONTRASTIVE ET ENSEIGNEMENT DES LANGUES

À côté de ces recherches, l'expression « analyse contrastive » renvoie aussi à des travaux de psycholinguistique qui ont pour objet d'étude les productions langagières d'apprenants. Dans ce deuxième secteur, l'objectif *in fine* vise l'amélioration des pratiques d'enseignement. Bien que l'AC soit aussi ancienne que l'enseignement/apprentissage des langues lui-même, et bien que des travaux continuent à voir le jour sous ce label de recherche, la période référant à ce que l'on a nommé l'*hypothèse forte* de l'AC (soit entre la Seconde Guerre mondiale et les années soixante-dix) sera ici privilégiée.

Cette période est d'abord associée aux travaux de Charles Carpenter Fries (1945) puis à ceux de son disciple Robert Lado (1957). Elle repose sur un double ancrage théorique. D'une part, la linguistique structurale américaine qui conduit à la comparaison des différents niveaux langagiers de la langue source et de la langue cible (phonologique, morphologique, syntaxique, lexico-sémantique) et, d'autre part, la psychologie behavioriste. Charles-Pierre Bouton, dans son ouvrage de 1974, *L'Acquisition d'une langue étrangère*, illustre cette conception psychologique :

> « On ne parvient à créer, avec la langue seconde, un second comportement verbal spontané qu'en construisant, à partir d'un système d'habitudes acquis avec la langue maternelle, un nouveau système tout aussi complexe et conforme aux contraintes spécifiques de cette langue seconde. [...] La démarche pédagogique est donc plutôt rééducative qu'éducative » (Bouton, 1974 : 181-182).

L'apprentissage de la langue seconde est conçu ici comme le fruit d'un conditionnement. Ce que l'on a nommé l'*hypothèse forte* considère que la confrontation structurelle des langues doit permettre de prévoir **toutes** les difficultés rencontrées par les apprenants. Ce qui est proche ou semblable est facile à apprendre, ce qui est différent donne lieu à un transfert négatif et donc à des fautes. C'est la théorie de l'**interférence** que Francis Debyser définit en 1971 selon trois points de vue :
– psychologique (elle est alors considérée comme une *contamination* des comportements) ;
– linguistique (elle renvoie alors à un *accident* de bilinguisme entrainé par le contact des langues) ;
– pédagogique (il s'agit d'un type particulier de faute induit par la structure de la langue maternelle de l'élève : on parle à ce propos, dit Debyser, de *déviations*, *glissements*, *transferts*, *parasites*… ; Debyser, 1971 : 34).

Il n'est pas indifférent de prendre acte des connotations négatives de ces termes !

De nombreux travaux actualisent cette théorie pour des langues variées. Voici par exemple ce qui est avancé dans l'introduction de *Travaux préparatoires à l'enseignement du français aux hispanophones* :

> «Cet essai de comparaison des grammaires française et espagnole doit pouvoir s'appliquer à l'enseignement du français à des débutants hispanophones. […] Cette comparaison devrait nous aider à prévoir où nos élèves auront le plus de difficultés d'apprentissage, à savoir où ils auront tendance à commettre des fautes. Nous pourrons, à partir là, fabriquer et surtout doser les exercices oraux et écrits selon le degré de difficulté que la comparaison doit nous permettre de mesurer» (Perero, 1968).

Néanmoins, la comparaison des structures des langues n'évacue pas la prise en compte des productions des apprenants, comme le montre, ci-après, le fascicule que l'on vient d'évoquer, puisque cette comparaison est immédiatement suivie d'un listage d'erreurs qui résultent des divergences de fonctionnement :

Structure : présentatif + groupe nominal
(nom propre, pronom, déterminant + nom)

a) c'est + GN

C'est	Pierre lui un oiseau
Ce sont	des oiseaux mes livres

Es	*Pedro* *el* *un pájaro*
Son	*pájaros* *mis libros*

b) voici / voilà + GN

Voici	ta règle le facteur
Voilà	l'autobus mes parents

Aquí está	*tu regla* *el cartero*
Ahí está *Ahí están*	*el autobus* *mis padres*

(*Source* : Perero, 1968 : 8)

> « Le présentatif "c'est" est très employé en français, et est une source inépuisable d'erreurs chez les hispanophones ; les fautes entendues sont du type :
> – "*c'est bonne la soupe" pour "c'est bon la soupe" ou "la soupe est bonne" (*cf. es buena la sopa*)
> – "*il est grand ici" pour "c'est grand ici" (*es grande aquí*)
> – "il est ici" pour "c'est ici" (*es aquí*) » (*ibid.*).

Et ce relevé d'erreurs est complété par des tentatives d'explication des causes des erreurs :

> « La première faute peut s'expliquer par le fait que le locuteur accorde l'adjectif comme dans sa langue. Les autres fautes montrent qu'il n'a pas assimilé la différence entre "c'est" et "il est" qui ont la même traduction en espagnol :
> • *está/es* → c'est ou il/elle est   • *están/son* → ce sont/ils/elles sont
> "Ce sont" est ignoré par la langue parlée, mais on retrouve chez l'hispanophone les mêmes types de fautes que pour "c'est" » (*ibid.*).

65

LES CRITIQUES DE L'ANALYSE CONTRASTIVE

Si la validité de la comparaison demeure pertinente pour le domaine phonologique comme l'avait montré dès 1971 Francis Debyser, il reste que les critiques apportées à l'analyse contrastive dans sa version hypothèse «forte» résultent de plusieurs horizons.

D'une part, l'*expérience* est venue fortement limiter le rayon d'application de cette théorie (en effet, tous les dysfonctionnements prévus n'apparaissent pas) et de plus, des apprenants de langues maternelles différentes produisent néanmoins des fautes identiques (ce qui accrédite la thèse d'«erreurs développementales» sur lesquelles nous reviendrons…). Par exemple, Wolfgang Klein note que les Turcs placent le verbe en position finale dans leur langue; cela devrait entraîner des erreurs en allemand (où le verbe se trouve en finale seulement dans les propositions subordonnées). Or, les Italiens et les Espagnols, dont la langue offre une plus grande souplesse pour la place du verbe, et chez qui le mécanisme du transfert ne pourra pas être mis en cause, placent eux aussi – lors de l'apprentissage de l'allemand – le verbe en position finale. Le transfert ne peut donc pas être invoqué dans ce cas. Ce même chercheur signale également que les prédictions sur les transferts devraient se faire non sur les propriétés structurales relevées mais sur la manière dont elles sont traitées par les apprenants. Ainsi, l'observation de la réalisation d'un son comme celui du *that* anglais, qui peut être approché soit par [d], soit par [z] d'un point de vue structurel, montre une préférence pour [z] chez les locuteurs francophones alors que les locuteurs d'autres langues choisissent le *dat*; or cette préférence n'est pas prédictible à partir des seules propriétés structurelles (Klein, 1989 : 41).

Cette dernière remarque conduit à une critique théorique fondamentale. En effet, la faiblesse majeure de l'hypothèse forte dans la théorie contrastive est sans doute la confusion entre la description linguistique d'une structure déterminée et la manière ou les modalités mises en œuvre par un apprenant pour se les approprier : telle structure de la langue X, pour un apprenant de la langue Y, peut être très difficile à décrire pour les linguistes mais très facile d'appropriation ou, inversement, très facile à expliquer d'un point de vue linguistique mais susciter des difficultés importantes du point de vue des mécanismes cognitifs mis en œuvre. De même, Henri Besse et

Rémy Porquier signalent que la distance ou la proximité formelle entre les langues est un facteur susceptible d'induire des comportements très différents. Ainsi, la transposition de structures est plus plausible de l'italien vers le français (en raison même de leur origine commune et donc de leur proximité structurelle) que du japonais vers le français. Comparons : «*(ils) nous viennent à sauver», pour «ils viennent nous sauver» (*cf. ci vengono a salvare*, > italien.), et cette autre production qui correspond à la structure japonaise : «*cette école dans salles combien il y a?» pour «il y a combien de salles dans cette école?» (Besse et Porquier, 1984 : 205). Pareillement, Louise Dabène rappelle, à la suite de Pottier, que les langues ne font pas toutes les mêmes choix. Les données aspectuelles, par exemple, font l'objet de traitements différenciés selon les langues : ici lexical, par le biais d'expressions figées ; là adverbial, et là-bas, système grammaticalisé... Dès lors, la comparaison se complexifie singulièrement (Dabène, 1996 : 394). Toutefois, aujourd'hui, l'analyse contrastive dégagée de son ancrage behavioriste connaît un nouvel essor dans les travaux associés à l'intercompréhension des langues voisines qui précisément s'appuient sur ces proximités structurelles entre les langues.

LA GRILLE DU BELC : UN OUTIL DE TRANSITION ENTRE L'ANALYSE CONTRASTIVE ET L'ANALYSE DES ERREURS

La grille de classement typologique des fautes du Belc (1967) traduit de manière concrète la place dominante, déjà évoquée, de l'analyse d'erreurs dans les travaux francophones européens : bien qu'elle se réclame d'un principe contrastif, elle prend la forme d'un outil d'aide à l'analyse des erreurs. C'est en vue de l'élaboration d'un manuel de 6e à destination d'élèves d'Afrique qu'un corpus de plus de deux mille copies (dictées et rédactions) provenant du Congo et d'autres lieux francophones (Cameroun, Madagascar, Paris...) a été réuni. Faute de pouvoir appliquer une démarche contrastive *stricto sensu* dans un contexte où les langues n'avaient pas fait l'objet de descriptions linguistiques, l'analyse d'erreurs constituait un moyen terme, compte tenu des méthodes habituelles de travail du Belc qui privilégiait la prise en compte de la spécificité de chaque contexte pour l'élaboration du matériel pédagogique.

■ L'INTERPRÉTATION DE L'ERREUR

La préface (Debyser *et al.*, 1967 : 10) précise la conception de la faute : « La faute est un écart par rapport à la réalisation attendue de la norme dans un contexte donné. » Deux distinctions binaires sont ensuite établies, d'une part entre *faute relative* et *faute absolue* :
– « *faute absolue* : une faute est absolue quand elle aboutit à une forme, écrite ou orale, inexistante » (la faute absolue au niveau du mot correspond au barbarisme) ; ex. : un *ventilatoire ;
– « *faute relative* : une faute est relative quand la forme prise en elle-même existe, mais se trouve inacceptable dans le contexte » ; ex. : « attelage » mis pour « étalage » ;
et, d'autre part, entre *faute graphique* et *faute orale* pour les fautes lexicales et morphologiques :
– « Un certain nombre de *fautes* ne sont que *graphiques*, mais s'annulent comme fautes au plan de la prononciation » ; ex. : « messieux » pour « messieurs » ;
– « La *faute orale* concerne une forme qui reste erronée, que la communication soit orale ou écrite » ; ex. : « minite » pour « minute » (*ibid.*, 11).

Cette grille ambitionne de couvrir la totalité des fautes possibles dans un texte écrit. Elle permet, par exemple, d'embrasser plusieurs niveaux d'un même champ morphosyntaxique :

> L'expression du genre grammatical sera traitée dans les rubriques suivantes :
> • 23* : fautes de morphologie graphiques ; ex. : **la** première étage ;
> • 24 : fautes orales ; ex. : **une** vacarme ;
> • 27 : relations avec plusieurs propositions ; ex. : la biche tombe je **le** vois s'affaisser ;
> • 29 : dans les relatifs ; ex. : le creux **où** la dernière pluie a rempli (*ibid.*, 12).
> (* : ces chiffres renvoient à la hiérarchisation de la grille et aux exemples du tableau ci-après.)

Nous résumons la grille complète, les critères de classement et les exemples dans le tableau page suivante.

Cette grille, bien que venue combler un véritable manque, est néanmoins loin d'être idéale et a fait l'objet de nombreuses critiques (en particulier Porquier, 1977 b).

D'une part, et c'est là une des difficultés majeures dans le domaine de l'interprétation des erreurs, il n'est pas évident de décider de la

L'ANALYSE CONTRASTIVE (AC)

Type	Catégorisation			Exemples
00. Faute inclassable	Catégorie d'attente sujette à reclassement (+ énoncés grammaticalement corrects mais aberrants)			pistoler, plutard,
10. Faute lexicale	absolue	11. graphique		
		12. orale	(déformations phonétiques, interférences entre termes proches, dérivés, non attestés…)	Minite, la brassé (pour l'embrasser), le ventilatoire
		13. forme	(confusion de la forme, paronymes)	infirme (infime), aiguillé (aiguisé)
		14. sens	(confusion liée à l'analogie sémantique)	court (petit) ; la pluie pleuvait (tombait)
20. Faute grammaticale	morphologie	absolue (forme inexistante)	21. graphique	les chevaus je vait prendre
			22. orale	il ne <u>v</u>oya rien ils repren<u>è</u>rent leur route
		relative (existe mais inacceptable dans contexte)	23. graphique accords genre, nombre, fonction	la première étage j'aplanie (forme participiale ne peut être noyau de l'énoncé)
			24. orale	une vacarme, il est belle, nous ne trouv<u>e</u> rien
	structure	proposition	25. absolue	je suis voyagé en train
			26. relative	il revient <u>sur</u> sa place je chante <u>en</u> haute voix
		entre propositions	27. concordance	la biche tombe je <u>le</u> vois s'affaisser (pronom de rappel mal choisi)
			28. coordination	mais voici mon village natal <u>mais</u> les gens de ce village sont…
			29. subordination	le creux <u>où</u> la dernière pluie a rempli, quel beau festin <u>comme</u> je viens de la passer
30. Ponctuation				je luis dis « <u>aurevoir</u> »
40. Présentation graphique				

D'après Debyser, Houis, Noyau-Rojas, 1967.

69

« réalisation attendue » face à une erreur. Quelle serait celle d'un énoncé tel que celui-ci : « Les polices viennent. Ils se sont mis en prison » ? Non seulement plusieurs interprétations sont possibles, mais parfois le sens n'est pas compréhensible.

D'autre part, la distinction faute relative/absolue, outre le jugement inhérent et discutable des termes eux-mêmes, est pertinente au niveau du mot mais non au niveau de l'enchainement sur l'axe syntagmatique ; certains énoncés bien formés mais inadéquats dans le contexte entravent davantage la communication que d'autres mal formés mais intelligibles (comparer « j'ai manqué ma femme » et « mon femme a manqué à moi » chez un anglophone qui souhaitait signifier : « ma femme m'a manqué »).

Enfin, pour s'en tenir aux trois distinctions majeures établies par cette grille, à propos de la distinction « faute graphique »/« faute orale », Porquier prend l'exemple de « je lui explique *tous* » qui est classé « faute orale » à partir de l'hypothèse qu'un francophone prononcerait [tus] dans ce contexte ; or, rien ne permet de savoir si l'apprenant ne prononce pas précisément [tu] et, dans ce cas, la faute aurait été classée « graphique ». Si, ailleurs, l'élève écrit : « tous mes amis sont venus », se demandera-t-on s'il prononce [tus] ou [tu] ? Probablement pas. Porquier objecte que cette distinction pertinente pour la situation de **dictée** ne l'est pas pour d'autres contextes de production (Porquier, 1977 : 36).

CHAPITRE 8

Les études sur l'analyse des erreurs (AE) et les recherches sur les interlangues (IL)

L'ANALYSE DES ERREURS (AE)

Les études sur l'analyse des erreurs qui prennent leur essor dans les années 70 se caractérisent par un changement radical des théories de référence et de la conception de l'erreur. Désormais, assez systématiquement mais parfois sans trop de rigueur, on récolte les erreurs au lieu de les prévoir. De nombreux inventaires verront le jour. Les critères de classement sont très divers et il en résulte de nombreuses typologies[1]. On cèdera alors au mirage scientifique des statistiques : nombre d'erreurs par copie, moyenne de tel ou tel type d'erreurs. Porquier (1977 : 25) constate le manque de rigueur méthodologique qui conduit l'analyse d'erreurs à... des erreurs d'analyse !

Chomsky a un impact fondamental. Lors de la fameuse conférence de 1966 adressée aux professeurs américains de langue, il remet en cause la représentation du langage comme système d'habitudes (Chomsky, 1972). Le behaviorisme est ainsi écarté au profit d'une conception dans laquelle le langage est envisagé comme un processus créatif s'appuyant sur des règles abstraites. On s'interroge aussi sur la proximité, voire l'identité des modalités d'acquisition des langues maternelles et étrangères en raison de la similarité des

---

1. Faute absolue/relative ; erreurs phonétiques/lexicales/morphosyntaxiques ; systématiques/asystématiques ; interlinguales/intralinguales ; d'omission/ajout/déplacement, etc.

erreurs (qualifiées de « développementales ») produites par les jeunes enfants et les étudiants étrangers qui peuvent produire des formes telles que : « j'ai prendu, je lui ai fait rien... ». L'influence de Chomsky se fera aussi sentir dans une différenciation importante induite par les concepts de *compétence* et de *performance* qui vont permettre de distinguer ***erreur*** et ***faute***. Pit Corder caractérise ainsi cette différence :

> « Il nous faut distinguer les erreurs qui sont dues au hasard des circonstances de celles qui reflètent à un moment donné sa connaissance sous-jacente, ou comme on pourrait l'appeler, sa "compétence transitoire". Les erreurs de performance seront par définition non systématiques, et les erreurs de compétence systématiques [...]. Aussi sera-t-il commode désormais d'appeler **"fautes"** les **erreurs de performance**, en réservant le terme d'**"erreur"** aux **erreurs systématiques** des apprenants, celles qui nous permettent de reconstruire leur connaissance temporaire de la langue, c'est-à-dire leur compétence transitoire » (Corder, 1980 : 13).

Pit Corder est une autre figure marquante de cette période : son influence débute dès 1967, avec un article fondateur traduit en 1980 dans la revue *Langages* n° 57 : « Que signifient les erreurs des apprenants ? ». Il a fortement contribué à donner **un statut positif aux erreurs** pour lesquelles il distingue trois sortes d'attitudes : la première les considère comme le résultat d'un enseignement inadéquat, si celui-ci devient parfait, il n'y aura plus d'erreurs ; la deuxième, fataliste, est résignée : *errare humanum est* ; la troisième, enfin, voit dans l'erreur la manifestation naturelle de l'apprentissage : c'est en se trompant que l'on apprend (Porquier et Frauenfelder, 1980 : 29) ! Corder rejette le caractère aléatoire des erreurs et rend saillante leur dimension **systématique.** Il isole trois niveaux (Corder, 1971 : 13) dans l'étude d'un aspect particulier du système de la langue étudiée. Au cours du premier, nommé « présystématique », l'étudiant fonctionne au petit bonheur la chance ; puis il découvre ce qu'il croit être un système mais, le plus souvent, le système découvert à ce stade n'est pas encore en adéquation avec celui de la langue étudiée : ce deuxième niveau est qualifié de « niveau systématique » des erreurs. Corder suggère alors des relevés afin de mettre en évidence la règle que s'est construite l'apprenant (dans ce cas, d'ailleurs, il ne faut pas exclure la production de formes justes à partir d'une règle erronée) ;

enfin au troisième niveau, qualifié de « post systématique » ou « niveau de la pratique », les règles correctes de la langue ont été découvertes mais les erreurs résultent de difficultés d'application. Au premier niveau l'étudiant n'est pas capable d'identifier l'erreur ; au deuxième, nous dit Corder, il pourra identifier la forme erronée et donnera une explication de son choix mais il ne sera capable de la corriger qu'après réflexion au troisième niveau.

La quête de la compréhension des erreurs et la recherche de leurs causes, qui apparait comme une fenêtre sur les processus acquisitionnels, finit par éloigner l'analyse des erreurs de la classe pour la rapprocher de la recherche. Domaine dans lequel s'inscrivent plus volontiers les travaux sur l'interlangue dont l'objectif est de « décrire les grammaires intériorisées à travers les activités langagières qui les manifestent, pour en caractériser les spécificités, les propriétés, les modalités de leur développement » (Besse et Porquier, 1984 : 216).

LES RECHERCHES SUR LES INTERLANGUES (IL)

Le terme d'interlangue, proposé par Selinker en 1972, a suscité de nombreuses reformulations : *systèmes approximatifs*, *systèmes intermédiaires*, *dialectes idiosyncrasiques*, *grammaire intériorisée* ou encore de *langue de l'apprenant* (Vogel, 1995). Ce changement terminologique correspond à une plus grande rigueur méthodologique et à un élargissement de l'objet d'étude : en cherchant à découvrir les systèmes transitoires des apprenants, on associera les productions normées aux productions déviantes et on observera ainsi l'acquisition de la langue sur le long terme.

Le public change ; les migrants deviennent des informateurs privilégiés. Un vaste programme de recherche va se mettre en place : il s'agit du Projet européen de la fondation pour la science (ESF) qui réunit des équipes de cinq pays (Allemagne, Angleterre, France, Pays-Bas, Suède) de 1981 à 1988. Dans cette vaste recherche, les modalités d'acquisition de la langue du pays d'accueil par des locuteurs migrants ont été observées pendant une durée de trente mois. Quarante études de cas ont permis la comparaison de l'acquisition d'une langue cible par deux locuteurs de langues sources éloignées (par exemple apprentissage du français par un locuteur arabophone et par un locuteur hispanophone). Les observations ont porté sur la structuration de l'énoncé (Perdue, 1995), le lexique (Giacobbe, 1992), l'expression de la temporalité (Dietrich, Klein et Noyau, 1995), la référence spatiale (Caroll et Becker, 1993).

Ces travaux ont permis de cerner les principaux traits des interlangues qui se caractérisent par leur aspect à la fois systématique et instable (il s'agit de systèmes évolutifs), par leur perméabilité (tant à l'égard de la langue source qu'à celui de la langue cible), par des phénomènes de simplifications[2] et de complexifications (*cf.* par exemple, la surgénéralisation de règles, c'est-à-dire l'application d'un mécanisme au-delà de son domaine d'application[3]) mais aussi par des régressions et des fossilisations (effets de « plateau » dans l'apprentissage marqués par des « erreurs stables »).

PÉDAGOGIE DE LA FAUTE OU DE L'ACCEPTABILITÉ

La proposition d'André Lamy (1976) constitue un exemple de démarche pédagogique associée à l'analyse d'erreurs. Ce n'est pas une grille mais, selon les termes de l'auteur, une procédure mise au point afin de « rattraper » des fautes qui résistent aux exercices de type structural supposés pourtant les faire disparaître. L'acceptabilité à laquelle se réfère Lamy n'est pas celle de la linguistique transformationnelle. Elle s'en distingue sur plusieurs points : elle s'adresse à des apprenants en cours d'apprentissage ; elle exclut les énoncés ambigus dont le linguiste est friand ainsi que les phrases proposées seulement à des fins de démonstration. En revanche, elle s'appuie sur l'imitation par la référence à des exemples mémorisés et elle adopte à leur égard une démarche déductive (en s'appuyant sur leurs variations mineures) ; enfin, elle est contextuelle (une phrase bien formée syntaxiquement pourra être jugée inacceptable en raison de son inadéquation au contexte). Cette démarche s'adresse à des élèves non débutants et assez matures pour élaborer avec l'aide de l'enseignant une réflexion métalinguistique. Les préambules méthodologiques énoncés sont pertinents encore aujourd'hui :

---

[2]. Pour une discussion de cette notion, voir De Heredia (1983), Noyau (1984) et Py (1994).
[3]. Voir à ce propos le très éclairant article de R. Porquier (Porquier, 1977a).

- ne pas proposer de travailler sur des fautes quand l'élève est en début d'apprentissage d'un microsystème donné ;
- toujours signaler (par exemple par l'astérisque selon les habitudes des linguistes) qu'un énoncé est fautif ;
- ne pas utiliser d'exercice répétitif (*i.e.* des exercices structuraux) pour les rattrapages de fautes (les exercices répétitifs sont utiles en phase d'apprentissage) ;
- présenter aux élèves les fautes qu'ils ont eux-mêmes commises et ce d'autant plus qu'elles sont partagées par les autres apprenants ;
- présenter les éléments de manière à favoriser l'observation des « irrégularités » d'un microsystème donné (Lamy, 1976 : 120-121).

L'arrière-plan théorique de l'apprentissage est celui de Laurence Lentin pour qui le développement langagier chez l'enfant procède par accumulation et différenciation[4] ; de même, il retient de la théorie de Frei le « besoin d'assimilation » lié à l'analogie et celui de la différenciation. Lamy propose d'aider à observer et à manipuler avec des opérations simples :

1. ajouter
2. supprimer
3. déplacer
4. substituer

Les chercheurs qui travaillent sur les brouillons ont montré par la suite qu'il s'agit là des quatre opérations fondamentales de réécriture ; elles sont aussi mentionnées par Frédéric François dans son essai de classement linguistique des fautes (1974 : 178-180).

La démarche d'élaboration du savoir métalinguistique pour amener les apprenants à comprendre et à ne plus produire d'erreurs est composée de **huit étapes** :

1. examen de la tournure déviante : soit on la laisse repérer par les apprenants, soit on la leur signale ;
2. première tentative de correction réalisée par les apprenants ;
3. (facultatif) comparaison avec la langue maternelle ;

---

4. « Avant d'être "le lait", le mot de l'enfant servant à le désigner peut servir aussi pour tous les liquides. […] Au niveau de l'apprentissage d'une langue étrangère, il y a souvent des généralisations qui sont sources d'erreurs et qui précèdent des différenciations correctes » (Lamy, 1976 : 121).

4. recherche d'une autre formulation dans laquelle l'élément fautif ne l'est plus (on utilise pour cela les quatre opérations simples);

5. élaboration d'un tableau comparatif (forme erronée et forme corrigée) pour établir la différenciation;

6. (facultatif) demande ou propositions d'explications sur le microsystème observé par les élèves;

7. regroupement des constructions similaires à celle proposée au point 2 (formulation corrigée);

8. faire produire des phrases en situation sur les modèles proposés.

D'après André Lamy (1976 : 124-125).

CHAPITRE 9

Les travaux sur les parlers bilingues (PB)

Bien que s'inscrivant dans la continuité des travaux précédents puisqu'ils ont leur origine dans l'étude des pratiques langagières des migrants (Lüdi et Py, 1986), les travaux sur les *parlers bilingues* convient à une révolution copernicienne. Ils sont marqués par un changement d'attitude à l'égard des phénomènes de métissage linguistique. Celui-ci se banalise dans la société qui valorise les usages artistiques. Des chanteurs inventifs comme Manu Chao dont l'album «Esperanza» offre le témoignage d'une hybridation musicale et linguistique qui associe différentes langues et des types de textes ou des genres discursifs hétéroclites (incrustations dans les pièces musicales chantées d'extraits d'informations de météo marine, de dialogues parents/enfants, de films, etc.). D'autres chanteurs comme The Fabulous Trobadors ou d'autres groupes de rap (MC Solaar, Zebda…) mêlent satire, transgression des langues et reconnaissance des langues régionales:

> «Caillou, pou, genou, hibou, genou/Cachou/J'ai oublié le chou/T'es fou», *Cachou Lajaunie*, The Fabulous Trobadors, «Era pas de faire».

Cette effervescence culturelle et linguistique valorise les situations de plurilinguisme (Billiez, 1997) qui ne sont ni marginales ni exceptionnelles (*cf.* le rapport entre le nombre de langues, environ 6 000, et le nombre de pays, environ 200). Dans ce contexte favorable, la dualité du bilingue se trouve réconciliée: il n'est plus considéré comme la somme de deux monolingues (Grosjean, 1993: 13) mais comme un locuteur qui dispose d'un **répertoire verbal mixte** qui peut jouer

■ L'INTERPRÉTATION DE L'ERREUR

de ses langues selon les contextes comme le montre le schéma ci-dessous.

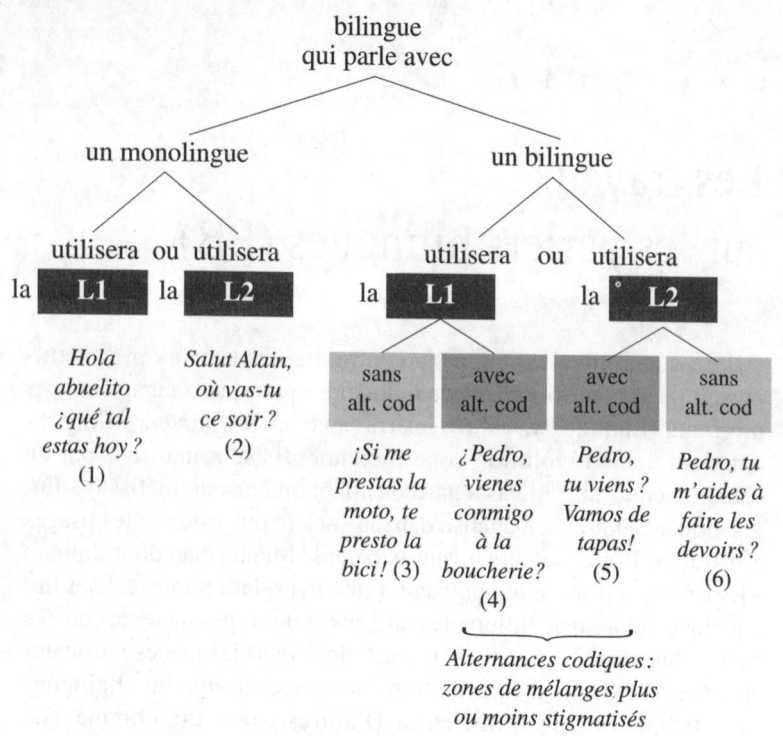

```
                    bilingue
                   qui parle avec
        ┌──────────────┴──────────────┐
     un monolingue                un bilingue
     ┌─────┴─────┐              ┌──────┴──────┐
  utilisera ou utilisera    utilisera ou utilisera
    la L1     la L2           la L1      la °L2
                            ┌────┴────┐  ┌────┴────┐
                            sans    avec  avec    sans
                          alt. cod alt.cod alt.cod alt.cod
```

Hola abuelito ¿qué tal estas hoy? (1)

Salut Alain, où vas-tu ce soir? (2)

¡Si me prestas la moto, te presto la bici! (3)

¿Pedro, vienes conmigo à la boucherie? (4)

Pedro, tu viens? Vamos de tapas! (5)

Pedro, tu m'aides à faire les devoirs? (6)

Alternances codiques: zones de mélanges plus ou moins stigmatisés

(D'après F. Grosjean, 1982: 129, et Deprez, 1994: 26.)

Diego, fils d'Espagnols habitant en France, parle espagnol avec les membres de sa famille. Selon qu'il parle avec son grand-père monolingue espagnol (1), avec un copain de classe monolingue français (2) ou avec son frère bilingue (3, 4, 5, 6), les choix de langue et les alternances de code seront plus ou moins contraints. Dans ce contexte, la compétence linguistique n'est plus définie en termes déficitaires.

De même, l'appellation *marques transcodiques*, pour référer à ce qui renvoie *d'une manière ou d'une autre à la rencontre de deux ou plusieurs systèmes linguistiques: calques, emprunts, transferts lexicaux, alternances* (Lüdi, 1987: 2), est plus qu'un changement d'étiquette: à la valeur d'hyperonyme couvrant l'ensemble des phénomènes translinguistiques s'ajoute surtout le choix d'un positionnement neutre (de Pietro, 1988) pour décrire ce qui auparavant était stigmatisé. Des faits qui auraient pu être répertoriés comme des *calques* (traduction littérale) sont interprétés comme des manifestations de créativité linguistique : on nomme *néocodage* (Alber et Py, 1986 : 80) la fabrication de mots qui n'appartiennent à aucune des langues mises en contact. Il en est ainsi de « la posta » (forgé par des locuteurs hispanophones en Suisse) qui renvoie à une réalité culturelle différente de celle qu'aurait véhiculée l'emprunt équivalent en langue espagnole, *correos*. Plusieurs chercheurs s'accordent à mettre en valeur le rôle fonctionnel du changement de langue ; ils montrent que les hybrides langagiers sont « régis par des régularités qui conditionnent leur apparition et leur fonctionnement », et qu'ils répondent donc à des fonctions variées du point de vue de la stratégie discursive et identitaire (par ex., marquage de l'appartenance à une même communauté bilingue et biculturelle ; indication du destinataire originel dans un discours rapporté ; possibilité de tirer parti du potentiel de connotation de certains mots ; ou encore amélioration de l'accès au lexique ; Lüdi et Py, 1986 : 162 ; Dabène, 1994 : 88-98).

Ces travaux associent ethnométhodologie et interactionnisme social[1] ; ils proposent un modèle de la communication plurilingue à partir d'observables constitués par des conversations entre alloglottes et natifs (Matthey, 1996). La langue maternelle s'y trouve reconsidérée :

> « Tout en reconnaissant l'importance des questions soulevées par l'analyse contrastive, c'est-à-dire que les divergences entre les systèmes font effectivement partie des problèmes que tout apprenant – et tout bilingue – doit résoudre, on remplace la vision déterministe des débuts (selon laquelle *les différences de structure causaient des interférences*) par une approche plus cognitive : une fois que le sujet a identifié une divergence de structure, il s'agit de savoir comment il la perçoit, l'interprète et la traite » (souligné par les auteurs, Lüdi et Py, 1986 : 117).

ou encore « reconnue » comme pouvant faciliter l'apprentissage.

---

1. Sont associées à ces travaux l'école suisse de Bâle/Neuchâtel et des équipes françaises qui relèvent de la linguistique acquisitionnelle (*cf.* travaux du Groupe de recherche en acquisition des langues (Gral), de l'Université de Provence et de Paris-VIII, qui publient leurs travaux dans les revues *Encrages* et *Aile*).

Ainsi, distinguant des *alternances relais*, centrées sur la dynamique communicationnelle et portant sur le sens du message, et des *alternances tremplin*, centrées sur l'apprentissage et reposant sur les moyens linguistiques nécessaires à la transmission des informations, dans des échanges langagiers maître/élève dans des classes françaises en Espagne, Moore montre que la langue maternelle peut constituer une «bouée» permettant de «rester à flot» dans l'apprentissage de la langue cible (Moore, 1996).

Ce panorama de l'évolution du statut de l'erreur montre que ce qui était hier uniquement marqué comme un manque ou une défaillance est aujourd'hui considéré comme un indice de l'apprentissage lorsqu'on se situe dans une **perspective acquisitionnelle** et peut être également interprété comme un savoir-faire discursif permettant de gérer des situations communicatives dans lesquelles des langues inégalement partagées se rencontrent et lorsqu'on se situe dans une perspective interactionnelle.

En conclusion, que retenir pour l'interprétation des erreurs ?

Bien entendu, la position de l'enseignant face aux erreurs des apprenants ne sera pas la même que celle du linguiste. Là où le linguiste constate et décrit, l'enseignant – puisque c'est là son rôle social – se doit d'intervenir. **Il serait illusoire de croire que l'on peut intervenir sur des erreurs ou que l'on peut les comprendre sans avoir pris la peine de les analyser.** De plus, comme on vient de le voir, l'analyse est rarement dissociable d'hypothèses théoriques qui se situent en amont et dont il faut avoir connaissance pour ne pas en être dupe. Les différentes approches évoquées ont donc pour but d'élargir et de multiplier, si l'on peut dire, le «répertoire» des angles d'attaque sans pour autant considérer que tout se vaut. Il est capital que l'enseignant sache pourquoi à tel ou tel moment il choisit de privilégier telle approche plutôt que telle autre. Cet arrière-plan historique et théorique permet de prendre de la distance et de donner une valeur relative à des termes comme «erreur» ou «faute».

On retiendra cependant des travaux de l'*analyse d'erreurs* les lignes de force repérées, à savoir que les zones du français les plus problématiques, quelles que soient les langues sources, *concernent généralement les déterminants, les formes verbales, la morphologie du genre et du nombre et les prépositions* (Porquier, 1977b : 27). De même, l'attitude à adopter à l'égard de la langue maternelle sera éclairée par l'*analyse contrastive* (prise en compte des différences structurales) mais nuancée par le point de vue proposé dans les travaux sur le *parler bilingue* : au lieu de faire comme si la langue maternelle n'existait pas, aider l'élève à prendre conscience des différences entre les deux systèmes linguistiques en présence dans son répertoire verbal lui permettra sans doute de mieux gérer ces tensions… Sans chercher à tout prix à déterminer les causes des erreurs et sans prétendre reconstituer les itinéraires de l'acquisition comme le proposent les travaux sur les *interlangues,* le repérage d'éléments récurrents qui semblent **constituer un système** ou celui des formes les plus instables devrait néanmoins permettre de proposer un feed-back moins ponctuel et plus structuré.

BOITE À OUTILS :
DES TRAMES POUR TRAQUER LES ERREURS

Trame possible pour l'analyse…

1. Repérer les écarts (cela suppose de restituer – avec prudence et ouverture d'esprit – la forme « normée et attendue » en fonction du contexte dans lequel elle apparait).

2. Analyser l'écart (c'est-à-dire essayer de caractériser sa nature en comparant avec la ou les formes proches qui ont pu faire écran : que ce soit en langue source, en langue cible ou dans d'autres langues pratiquées par l'apprenant, penser aux mécanismes de l'analogie intra/interlinguale…).

3. Faire des hypothèses sur la cause (cas isolé ou récurrent ? mise en relation avec les autres formes « erronées » mais aussi les formes « correctes » afin de rechercher ce qui pourrait faire « système » chez l'apprenant).

4. Interroger l'apprenant (cette interrogation vise la prise de conscience chez l'élève ; l'explication qu'il fournit doit être considérée comme un indice de son savoir sur la langue – et non comme la réalité de son processus acquisitionnel).

5. Demander une autocorrection (lorsqu'elle est à la portée de l'apprenant, car parfois l'apprenant a conscience d'avoir commis une erreur mais ne sait pas comment la corriger).

6. Correction/réflexion/prolongements pédagogiques selon des modalités diversifiées (enseignant, apprenants, groupe-classe ; exercices, élaboration de microrègles, etc. ; voir le tableau à la fin de la partie 3).

… et pense-bête sur l'erreur

• Les erreurs les plus graves sont celles qui conduisent ou qui résultent de l'incompréhension et qui portent sur le sens : rentrer dans une boulangerie pour acheter un croissant et en ressortir avec une baguette de pain et sans le croissant !

• Parmi les erreurs graves dans les interactions sociales, il faut aussi signaler les erreurs qui portent sur les décalages culturels ou sur la politesse.

• Les erreurs n'ont pas toujours la forme d'erreurs : un énoncé correct peut cacher une erreur.

• La même erreur n'a pas forcément le même statut ou la même origine pour tous les étudiants de la classe : « les chevals » peut correspondre pour l'un à un lapsus (*cf.* la notion de « faute » dans l'AE) ; pour l'autre, à une erreur basée sur la méconnaissance de la règle particulière ; pour le troisième, à une influence de la langue maternelle (par ex. *cava_ll_s* en catalan).

- Dans les interactions orales, il faut parfois privilégier le sens aux dépens de la forme mais ne jamais corriger la forme conduit à des fossilisations. La difficulté consiste à trouver la bonne mesure...
- Négocier les modalités de correction avec les apprenants : privilégier à certains moments les interactions et la communication, à d'autres moments l'adéquation formelle.
- Évitez de corriger systématiquement vous-même les erreurs et variez les modalités du feed-back, établissez des gestes de connivence avec vos élèves : signalez les erreurs par un geste, par la main derrière l'oreille comme si vous n'aviez pas entendu ou par une répétition sur une intonation montante, pour que l'apprenant puisse se corriger lui-même, puis sollicitez ses camarades.

TROISIÈME PARTIE

Interpréter les erreurs des apprenants

« Prise individuellement et isolément, l'erreur ne fournit aucune indication sur ce qu'un apprenant a appris dans sa L2 ni sur la manière dont il a organisé ses connaissances. Seule la prise en compte de contextes interlinguaux plus vastes peut nous [amener] à mieux comprendre ce qu'est une erreur et ce qu'elle n'est pas, et à en apprécier la "gravité". »

Klaus Vogel (1995), *L'Interlangue*,
Presses universitaires du Mirail.

Cette partie présente deux exemples d'interprétation d'erreurs correspondant à deux études de cas. Dans la mesure du possible, la recherche de **ce qui peut faire système** a été privilégiée au détriment d'une approche pointilliste des erreurs. Les indicateurs de réussite ont également été pris en compte afin de ne pas se polariser sur les seuls éléments qui présentent des écarts par rapport à la norme.

Le premier chapitre, « Après la pluie le beau temps ! », associe les textes à leurs conditions de production. Cette présentation contextualisée a pour objectif de montrer le lien entre les productions des élèves et les activités proposées par les enseignants. S'il ne s'agit pas de dire que les erreurs résultent de l'enseignement dispensé, on souhaite néanmoins montrer l'impact des séquences pédagogiques qui, tout comme les consignes d'écriture (voir Marquilló Larruy, 1993a), peuvent susciter réussites et défaillances. L'enseignant doit être en mesure d'estimer la portée des activités qu'il met en place et leur incidence sur les productions des élèves.

En écho aux réflexions sur les variations de la langue du premier chapitre, la deuxième étude de cas, « Du rififi en Turquie », s'intéresse à deux copies volontairement rédigées dans une langue imagée et familière supposée en adéquation avec le genre textuel du polar. Ce chapitre confronte un texte estimé réussi et un autre pour lequel on propose d'emblée une réécriture afin de le désengluer de l'écran trouble de la surface des mots. On verra dans ce cas combien il est délicat de se défaire des réflexes normatifs scolaires.

Enfin, en guise de balise d'introduction à l'analyse des textes, voici une trame générale d'observation qui servira de canevas pour les analyses proposées.

TRAME D'OBSERVATION D'UN TEXTE

a) Niveau pragmatique
– adéquation à la consigne
– adéquation aux types de textes
– respect des modalités énonciatives
– autonomie du texte

b) Niveau textuel et transphrastique
– cohérence globale du texte
– absence de contradictions sémantiques
– progression de l'information
– ponctuation adéquate
– cohérence des systèmes temporels

c) Au niveau de la phrase
– ordre des mots
– construction des verbes avec des prépositions
– construction des séquences coordonnées
– construction des types de phrases (négation, interrogation, exclamation…)
– construction des phrases complexes

d) Niveau infraphrastique
– choix du lexique
– correspondance phonie/graphie
– notation des accents
– graphie inventée

CHAPITRE 10

Étude de cas n° 1 : l'erreur en contexte ou « Après la pluie le beau temps ! »

Ce chapitre propose une approche de l'erreur en situation. Les deux corpus sont produits dans deux pays différents mais à partir de la même démarche d'enseignement. La séquence est construite autour des quatre questions de base que tout enseignant peut se poser lorsqu'il prépare un apprentissage :

1. Qu'est-ce que je veux faire apprendre ? → *les objectifs*
2. Sur quoi vais-je m'appuyer pour faire apprendre ? → *les supports*
3. Comment faire apprendre ? → *les modalités des activités mises en place*[1]
4. Comment vais-je savoir s'ils ont appris ? → *l'évaluation*

Le projet d'écriture portait sur la rédaction de petits textes qui accompagnent les cartes météorologiques dans des quotidiens. Bien sûr, il ne s'agissait pas de former des spécialistes de météo, mais comme bien souvent en langue étrangère, la simulation proposée est prétexte à des apprentissages linguistiques. Ce qu'il faut retenir ici, c'est l'esprit de la démarche qui associe la lecture à l'écriture (l'élève s'approprie d'abord des textes authentiques avant d'être sollicité sur le même type de texte), d'une part, et qui considère, d'autre part, que les erreurs ne sont pas dissociables du contexte de leur production pédagogique. À des fins de vraisemblance, la situation de communication travaillée avec les apprenants était la suivante :

---

1. Cette rubrique doit aussi intégrer la dimension temporelle.

> - **Qui écrit (auteur)?** un étudiant de français langue étrangère
> - **Sous quel statut (narrateur)?** un journaliste spécialisé dans la rubrique météo
> - **Pour qui (destinataire)?** pour les lecteurs d'un journal quotidien
> - **À quel sujet (objet)?** le temps qu'il fera
> - **Pour quoi faire (but)?** pour informer sur le temps du lendemain

Cette séquence s'adressait à des faux-débutants. Au-delà des objectifs généraux de compréhension et d'expression écrites, on visait l'acquisition des spécificités de ce type particulier de textes prédictifs, à savoir: la maitrise du futur, celle de quelques verbes de mouvement, l'expression du changement. De plus, ce type de texte permet de travailler la construction des prépositions avec des noms de lieux, structures dont on sait qu'elles manifestent de fortes turbulences en FLE. À ces aspects linguistiques s'ajoutaient des objectifs civilisationnels et culturels. L'intérêt suscité par la météo en France et en Europe surprend ceux qui habitent sous d'autres latitudes. Outre cette dimension culturelle, il s'agissait aussi de faire acquérir la connaissance du nom des régions de France ainsi que le lexique géographique qui permet de caractériser l'espace (les points cardinaux, le vocabulaire lié au relief, etc.). Enfin, s'ajoutait à ce qui précède la connaissance des moments de la journée. Les modalités de travail mises en place prévoyaient plusieurs phases:

> **1. Phase de recherche et d'observation (travail par groupes de 3 ou 4 élèves):** inventaires sélectifs dans les documents authentiques donnés à analyser
> **2. Phase de mise en commun (travail collectif):** les résultats des inventaires réalisés sont affichés dans la classe
> **3. Phase de rédaction (travail individuel):** consigne «Vous êtes journaliste au journal *Le Monde*, vous rédigez le texte qui accompagne cette carte du service de météorologie nationale» (carte fournie)
> **4. Phase de relecture et révision des textes (travail collectif et individuel):**
> - guide de réécriture pour rédiger un bulletin météo
> - exercices d'étayage des compétences non stabilisées en vue de la réécriture

En situation de langue étrangère, nous l'avons déjà dit, il est capital de fournir un bagage linguistique que les scripteurs pourront réutiliser. On sait que l'une des difficultés majeures signalées par les scripteurs eux-mêmes est l'accès au lexique et à la matière verbale en général (avec comme subséquent dépannage – pas toujours très fructueux – l'appel au dictionnaire). L'observation et l'analyse de textes similaires ou très proches de ceux que l'on veut faire produire sont donc une nécessité : repérer les régularités formelles permet aux apprenants de se doter d'un répertoire de formes discursives, textuelles, phrastiques, lexicales dans lesquelles ils pourront puiser pour rédiger leurs propres textes. Dans le but d'une meilleure appréciation des productions se trouvent ci-après, d'une part, l'un[2] des textes donnés à analyser aux apprenants, et d'autre part, les inventaires qui résultent de l'exploration de ces textes-modèles.

Voici l'un des cinq textes de base sur lesquels ont porté les observations[3] :

Texte A
Mercredi 17 juillet. – Nuageux du nord au nord-est, orageux en montagne.
Des Pyrénées au Massif central et aux Alpes, ainsi que sur les régions méditerranéennes malgré des bancs de nuages élevés, la matinée se déroulera sous le soleil. L'après-midi, quelques orages éclateront en montagne. Ces orages resteront isolés et ils épargneront la bande côtière.
Sur la Haute-Normandie, le Nord, les Ardennes, la Lorraine et l'Alsace, éclaircies et passages nuageux alterneront. Les nuages se montreront parfois menaçants et donneront, de loin en loin, de petites averses.
Enfin, de la Bretagne et de la Basse-Normandie à l'Ile-de-France, de la Bourgogne à la Franche-Comté ainsi que sur le Centre, les Pays de la Loire, le Poitou-Charentes et l'Aquitaine, il y aura de petits bancs de brume le matin. Ensuite, le soleil se montrera généreux, malgré quelques nuages sans importance.
Au lever du jour, il fera de 14 à 18 degrés sur la moitié sud et de 12 à 14 degrés sur la moitié nord. En certains endroits du Nord et du Nord-Est, le thermomètre pourra même descendre jusqu'à 10 degrés.

---

2. Un deuxième texte est présenté plus loin. Il s'agit du texte B.
3. Ce texte est consigné ici sans l'appareillage paratextuel (cartes, températures), mais les apprenants ont travaillé sur des photocopies de documents authentiques (textes des journaux *Le Monde*, *Libération*, et journaux locaux, *Le Midi Libre* et *L'Indépendant*). Parmi les autres supports pédagogiques utilisés et non reproduits ici figuraient également des cartes de France : murales pour ce qui est du relief et individuelles pour ce qui est des régions et des capitales de région.

ÉTUDE DE CAS N° 1 : L'ERREUR EN CONTEXTE OU « APRÈS LA PLUIE LE BEAU TEMPS ! » ■

> L'après-midi il fera de 18 à 20 degrés près de la Manche, de 20 à 24 degrés sur le reste de la moitié nord. Sur la moitié sud, il fera de 24 à 28 degrés et même 30 degrés dans l'arrière-pays méditerranéen.

Le travail d'exploration textuelle demandé par l'enseignant prenait la forme d'inventaires. Une consigne différente était proposée à chacun des groupes dans le but de fédérer (de manière justifiée), lors de la mise en commun, l'attention de l'ensemble de la classe. Ci-après, des exemples de relevés réalisés par les différents groupes dans les cinq textes :

> **Groupe 1, liste des verbes conjugués :** se déroulera, éclateront, resteront, épargneront, alterneront, se montreront, donneront, il y aura, se montrera, il fera, pourra descendre, il fera, il fera, seront, apparaitront, deviendront, sera, seront, évolueront, seront, sera, sera, sera, céderont, s'enfonceront, finiront, conservera, se situeront, iront.

La restitution à la classe permet d'entendre (dans tous les sens du terme) les verbes et les temps récurrents : le futur et la troisième personne du singulier ou du pluriel ainsi qu'une forte présence du verbe « être ». L'analyse orale permettra de mettre en évidence de nombreux verbes de mouvement du premier groupe.

> **Groupe 2**
> • **liste des adjectifs :** faible, ensoleillé, résiduel, orageux, modérés, nuageux, brumeux, variable, couvert, matinales, voisines, chaud, froid, frais, menaçant.
> • **liste des adverbes :** progressivement, peu, passagèrement, particulièrement, vite, légèrement, rapidement, ardemment.
> • **les expressions se rapportant à la chronologie de la journée :** aujourd'hui, en matinée, en après-midi, en cours de journée, à la mi-journée, l'après-midi, en soirée, le matin, au cours de la journée, au fil de l'après-midi, dès le lever du jour, la matinée, l'après-midi, le matin, au lever du jour.

La présentation de la cueillette du groupe 2 suscite des remarques sur la forme particulière et la construction des adverbes. À propos de la liste d'adjectifs obtenus, notons que cette manière de procéder, sans être idéale, remplace avantageusement les listes de vocabulaire traditionnellement fournies par l'enseignant.

> **Groupe 3**
> • **termes généraux de géographie :** la majeure partie du pays, l'ensemble du pays, le sud, l'est, le nord, l'ouest, les régions, le littoral, la

moitié nord, le quart est, les côtes, les sommets, le pourtour méditerranéen, les régions méridionales.
• **les noms propres de régions :** les Charentes, le Bordelais, le Nord, le Centre, les Alpes, la Méditerranée, les Ardennes, la Lorraine, l'Alsace, la Haute-Normandie, les Pyrénées, le Massif central.

Dans l'inventaire du groupe 3, l'enseignante n'a sans doute pas suffisamment insisté sur les différences entre la valeur adjectivale ou nominale de termes comme « le Nord » (nom de la région et donc comportant une lettre capitale) *versus* « la moitié nord du pays » (valeur adjectivale donc lettre minuscule à l'initiale). De même, d'autres relevés liés au champ sémantique de la météorologie : « orage, vent, ciel... », ou certaines expressions telles que : « belle éclaircie, foyers orageux, bande nuageuse », ou encore les constructions nominales telles que « bancs de nuages, vents de secteur, effets de brise... » auraient pu faire l'objet de recherches dirigées... Les inventaires effectivement réalisés et leur mise en commun ont été utiles mais non sans défauts comme on va l'apprécier en observant les productions de deux groupes d'apprenants assez différents.

Corpus 1, professeurs de russe de nationalité bulgare en stage à Perpignan

(1) À Perpignan il fait du soleil. Le ciel est estival au fil de l'après-midi le temps deviendra nuageux, un orage éclatera. Dans le Massif central le ciel sera nuageux, la pluie et le soleil alterneront. Au nord le temps sera ensoleillé mais les passage nuageux s'attendreront. Dans les Alpes le soleil restera très timide il fera du vent mais le ciel sera éclairé. À l'ouest le ciel sera éclairé et ne restera pas dans la journée. La température : à Perpignan 30 degré, dans les Alpes 22 degré, mais pendant la journée jusqu'à 15 degré

(2) Demain sera la journée éclaircie avec un peu nuageux
Autour de la Méditerrannée sera le ciel estival et ensoleillé.
Dans les Pyrénées il y aura le soleil, malgré quelques nuages sans importance.
Sur l'ouest du pays, au Massif central à l'Alsace sera beau temps, mais de temps en temps des passages nuageux, mais il fera chauh.
Dans les Alpes le temps deviendra orageux. Il fera du vend, et frais. la température baissera un peu.

(**3**) Au nord de la France le ciel sera éclaircie peu nuageux, au milieu les cieux seront nuageux costes éclaires, au sud on peut attendre les orages, à la côté de la Méditérannée ensoleillé, Sur la chaine pyrénées le temps sera nuageux courtes éclirces. On ne s'attend pas de pluie ou brunne, partout pour quelques le soleil brillera.

Corpus 2, adolescents élèves d'une Alliance française en Amérique centrale

(**4**) La journée de oujourd'hui sera ansoleillé en Lyon clermart ferrand et strasbourg. Avec une température de 33° a 35° degrées. Le ciel sera d'éclaircies et n'ai pas les nuages, le pluie.
En otres régions la journée sera avec des nuages en la matinée avec la pluie, le vent alizés jusqu'ca après-midi.

(**5**) le temp de Lyon sera aujourd hui ensoleillé. Il sera 34° degrés. Mientras q la temperatura de Bordeaux sera de 30° degrés. Il va être plus nuageux.

(**6**) Mardi 30 March, ajourd'hui le température dans Strasbourg sera emboleillé, après-midi dans les régions méridionales le temps sera couverte du nord-est les températaure descendre jusqu'à 9 degrés et du sud les températures descendre jusqu'à 10 degrés.

(**7**) Aujourd'hui le tem de Nord de Paris sera de 31°. c'est un jour ensoleillé parce que le temperature minimum sera de 30°. Paris c'es bénéficiaire d'un temps ensoleillé lundi et mardi, mais le mercredi le temps se de 29°.

(**8**) le fin de prochain a ete nuageux des pour le nord à Paris avec températures entre 13 et 15 degrés. Le temps en cours de journée sera différent, le sud sera différent, le sud seron le soleil, le Nord les nuages se montreront avec un maximum de 15. Dimanche le température sera le nord ensoleille le sur le vent alizes le sud sera nuageux.

(**9**) Dans la région du sud : le journée de demain sera a lyon ensoleillée, la température sera 31°, le journée sera ensoleillée, après-midi il sera nuageux. À Marseille, le journée sera belle dans le matin. progressivement dans l'après-midi il sera plus nuageaux. La température sera de 30° degrees.

L'analyse adoptera une démarche « descendante », c'est-à-dire depuis les aspects les plus globaux du texte vers les niveaux qui traitent des composants premiers (les mots, les correspondances phonie/graphie, etc.).

■ L'INTERPRÉTATION DE L'ERREUR

Parmi les éléments positifs relevant du **niveau pragmatique/énonciatif**[4], l'allure générale de ces textes est assez semblable à celle des modèles auxquels les apprenants ont été exposés. De même, la modalité énonciative est celle qui est attendue puisqu'on ne trouve trace ni de l'émetteur ni du destinataire, mais une énonciation à la 3e personne dans laquelle le texte semble « s'énoncer de lui-même ». Ainsi, globalement, du point de vue de la consigne d'écriture, ces écrits sont réussis ou assez réussis.

Pour ce qui est du **niveau textuel** ou **interphrastique**[5], les productions sont hétérogènes et l'écart entre les textes du corpus 1 et ceux du corpus 2 est saillant. Parmi les points positifs pour les deux corpus, signalons que le choix du système temporel (le futur) correspond aux attentes dans presque tous les textes. En revanche, leur structuration et/ou leur progression est remarquable par des particularités que nous allons observer de plus près[6]. Le corpus 1 réalisé par des professionnels de l'enseignement des langues présente des textes plus organisés que le corpus 2 produit par des adolescents qualifiés de « faibles » par leur professeur.

Quelles sont nos références pour ces types de textes ? C'est-à-dire comment les caractériser du point de vue de leur composition ? Comment les situer, par exemple, par rapport aux trois types canoniques de progression de l'information ? La *progression linéaire* dans laquelle le rhème (ou l'élément nouveau) de la phrase précédente devient le thème (ou élément ancien) de la phrase suivante semble difficile en raison du sémantisme de ce type de texte qui conduit plutôt à énumérer les différentes régions (ou parties) de la France. De même, la progression à *thème constant*, dans laquelle le thème est

---

4. Ce niveau s'intéresse à la portée communicative, à l'adéquation à la consigne et à l'efficacité globale qui se manifeste dans les choix énonciatifs qui régissent l'ensemble du texte.
5. Les éléments à prendre en compte sont : la progression de l'information et la structuration du texte, l'adéquation du système temporel…
6. Il est fondamental de souligner que ces deux aspects n'ont fait l'objet d'aucun travail préparatoire. Ainsi, dans ce domaine-là, ces textes offrent à la fois un miroir des effets du travail préalable et un miroir des compétences « disponibles avant formation » des apprenants. Le travail préalable d'inventaire a, certes, fourni du vocabulaire indispensable, mais en privilégiant le listage d'items réduits au mot, ce travail a également contribué à affirmer une représentation vigoureuse (et erronée) qui consiste à croire que la production de texte se réduit à un assemblage de mots.

ÉTUDE DE CAS N° 1 : L'ERREUR EN CONTEXTE OU «APRÈS LA PLUIE LE BEAU TEMPS!» ■

repris de phrase en phrase alors que l'information nouvelle arrive en deuxième position risque de paraître peu élégante : la répétition peut donner le sentiment que le texte n'avance pas. La progression à *thème dérivé* ou *éclaté* – dans laquelle une série de sous-thèmes construisent une constellation d'informations à propos d'un hyperthème (ici la France) – est celle qui semble la plus adéquate. Illustrons-la.

Progression à thème éclaté (ou à hyperthème)
«Au nord, le temps sera ensoleillé et chaud. Au centre, du Poitou-Charentes au Massif central le ciel sera maussade et des nuages menaçants amèneront la pluie. Dans le sud, après des brumes matinales qui tarderont à se lever et une forte chaleur vers midi, de violents orages éclateront en fin de journée.»

Cependant, à y regarder de plus près, les textes authentiques donnés aux apprenants présentent une structure plus complexe que celle que nous venons de composer *ad hoc*. En effet, le plus souvent, les textes météorologiques s'articulent autour d'une double structuration : géographique comme on vient de le voir, certes, mais aussi temporelle «autour» de la chronologie de la journée. Comme le montre le texte ci-après, après l'indication d'un hyperthème «France» qui se subdivise en autant de zones géographiques que la météorologie du jour rend nécessaires. Le premier paragraphe indique des tendances générales qui affectent «la majeure partie du pays» puis le texte avance en déclinant les différentes zones géographiques concernées (à l'ouest, sur l'est, etc.). Signalons aussi au passage la reprise de «ciel», terme spécifique, par un terme plus général de portée hyperonymique «temps», substitution qui respecte la contrainte de hiérarchie[7]. Mais au fur et à mesure de l'avancée du texte, on note des indicateurs de temps : en matinée, en après-midi, en cours de journée, etc.

Texte B
Cieux mitigés
[Le ciel de France sera mitigé **aujourd'hui**, avec des nuages entrecoupés d'éclaircies sur la majeure partie du pays, sauf autour de la

---

7. Si cette contrainte n'est pas respectée, le lien entre le substitut et le référent n'apparaît pas. Comparer : «Ce matin j'ai acheté **un ouvrage**. **Le dictionnaire** m'a coûté cent euros»/«Ce matin j'ai acheté **un dictionnaire**. **L'ouvrage** m'a coûté cent euros».

Méditerranée, où il sera encore bleu et estival, comme le souhaitent les vacanciers.] Le temps sera nuageux à l'ouest **en matinée**, puis faiblement ensoleillé **en après-midi**, tandis que sur l'est, les éclaircies céderont la place aux nuages **en cours de journée**.
Sur l'ouest du pays, de faibles pluies venues du nord de la Loire s'enfonceront vers les Charentes, le Bordelais et le Centre **à la mi-journée**. Les nuages finiront également par l'emporter dans le nord-est, le Massif central et les Alpes, avec des ondées et de possibles orages. En revanche, sur le pourtour de la Méditerranée, le ciel conservera sa note estivale.
Côté températures, les minima se situeront autour de 13° à 15° en moyenne, mais de 17° à 20° dans le sud-est. Les maxima iront de 18° à 24° dans l'ouest, de 25° à 31 à l'est.

À partir de ces éléments de référence, qu'observons-nous dans les productions des apprenants ?

> **Corpus 1**
> T1., À Perpignan... → Le ciel... → Dans le massif central... → Au nord... → Dans les Alpes... → À l'ouest... // + l'après midi + dans la journée
> T2., Autour de la Méditerranée... → Dans les Pyrénées... → Sur l'ouest du pays... → Dans les Alpes... // + demain + de temps en temps
> T3., Au nord de la France... → Au sud... → À la côté de la Méditerranée... → Sur la chaine Pyrénées... → partout... // + Ø indication temporelle

On note dans les relevés ci-dessus, qui reprennent l'enchaînement des têtes de phrase de chacun des textes du corpus 1, un souci général d'organisation textuelle. Cependant, un seul texte, le premier, associe vraiment la structuration temporelle à la structuration géographique observée dans les textes des journalistes professionnels. Le travail de révision et de réécriture pourrait donc s'orienter vers cet aspect négligé.

La progression de l'information et la structure des textes du corpus 2 sont moins évidentes à saisir que dans les textes précédents. Dans l'ensemble, cette deuxième série ne prend pas en considération la totalité du territoire de la France : les indications climatiques s'articulent principalement autour des températures et ces productions se caractérisent par une dépendance forte de la carte qui accompagnait la consigne d'écriture. L'impossibilité de s'y reporter fait bien percevoir leur absence d'autonomie[8] : c'est uniquement parce que cette carte indiquait les températures de certaines villes comme Clermont-Ferrand, Lyon et Strasbourg que l'on comprend pourquoi ces villes ont autant d'importance dans ces textes.

Corpus 2
T4., la journée de oujourd'hui à Lyon et Strasbourg → Avec une température → le ciel → En otres régions
T5., le temp de Lyon → dans les Pyrénées → Il sera → Mientras q Bordeaux
T6., Mardi 30 March → dans Strasbourg → dans les régions méridionnales → du nord-est → et du sud + température
T7., Aujourd'hui le tem de nord de Paris → c'est un jour ensoleillé → Paris c'est beneficiaire + aujourd'hui + lundi + mardi + mercredi.

Par ailleurs, les apprenants ne semblent pas avoir retenu les noms des régions qui figuraient sur les modèles authentiques : seules ont subsisté quelques références de base comme : nord/sud et l'expression « régions méridionales » fait figure d'exception. Pour en finir avec les remarques concernant ce deuxième niveau, on fera un constat d'évidence mais qu'il est bon de ne pas oublier : ce sont les textes des apprentis moins experts du corpus 2 qui ont davantage souffert de l'absence de travail préparatoire.

Le **niveau phrastique** s'intéresse à l'axe syntagmatique pour lequel on peut prendre en considération soit les grandes masses verbales, soit les aspects plus locaux tels que les contraintes de construction entre les verbes et les prépositions, ou l'ordre des mots ou encore les règles d'accord en genre et en nombre.

a) Organisation syntaxique

Afin de mettre en évidence les régularités structurelles de ces textes, j'emprunte aux chercheurs du GARS[9] leur démarche de représentation « en grille » (Bilger, 1990 ; Cappeau et Savelli, 1997).

---
8. À l'encontre des situations d'oral dans lesquelles on peut s'appuyer sur le contexte, la gestuelle…, l'ordre scriptural dans lequel s'inscrit ce type de texte se caractérise par la nécessité de construire un univers de référence interne au texte lui-même, ce qui a pour conséquence de le rendre autonome par rapport à la modalité d'énonciation.
9. Groupe aixois de recherches en syntaxe, dirigé par Claire Blanche-Benveniste. Je remercie Paul Cappeau et Mireille Bilger de leur aide précieuse à ce propos.

■ L'INTERPRÉTATION DE L'ERREUR

Texte B (première phrase exclue)

		le temps	sera		nuageux	à l'ouest	en matinée	
				puis faiblement	ensolleillé		en après-midi	
tandis que	sur l'est	les éclaircies	cèderont la...		aux nuages		tandis que	
	sur l'ouest	de faibles...	s'enfonceront			vers les Charentes	en cours de journée	
						le Bordelais		
						et le Centre		
		les nuages	finiront...			dans le nord-est	à la mi-journée	
						le Massif central		
						et les Alpes		avec des...
en revanche	sur le pourtour	le ciel	conservera		sa note...			

Corpus 1, texte 3

au nord de la France		le ciel	sera	éclaircie	peu nuageux		
au milieu		les cieux	seront	nuageux	costes éclaires ?		
au sud		on	peut attendre	ensoleillé		les orages	
à la côté de la Méditerranée							
sur la chaîne pyrénées		le temps	sera	nuageux	courtes éclaircies		
		on	ne s'attend pas				de pluie
							ou brunne
partout	pour quelques	le soleil	brilllera				

98

ÉTUDE DE CAS N° 1 : L'ERREUR EN CONTEXTE OU « APRÈS LA PLUIE LE BEAU TEMPS ! »

Corpus 1, texte 2

demain			sera	la journée	éclaircie	avec un peu nuageux
	Autour de…		sera	le ciel	estival	
					et ensoleillé	
	dans les pyrénées	il y	aura	le soleil		malgré quelques nuages…
	Sur l'ouest du		sera			
	au massif central					
	a l'Alsace				beau temps	
						mais de tps en tps des passages…
						mais il fera chaud
	dans les Alpes	le temps	deviendra			orageux

Corpus 2, texte 6

mardi 30 march	aujourd'hui			le température	dans Strasbourg	sera	ensoleillé
	après-midi		dans les régions mérid…	le temps		sera	couverte
			du nord-est	les temperataure		descendre	jusqu'à 9 degrés
		et	du sud	les températures		descendre	jusqu'à 10 degrés

■ L'INTERPRÉTATION DE L'ERREUR

Corpus 2, texte 8

	le fin de prochain	a été	nuageux	dès pour le nord	à Paris	avec températures	entre 13
							et 15
	le temps en cours…	sera	différent				
	le sud	sera	différent				
	le sud	seron	le soleil				
	le nord	les nuages	se montreront				
dimanche	le température	sera	le nord		ensoleillé		
	le sur le vent alize ?	??					
	le sud	sera	nuageux				

Corpus 2, texte 9

dans la région du sud			la journée de demain	sera	à lyon	ensoleillé
			la température	sera		31
			le journée	sera		ensoleillée
		après-midi	il	sera		nuageux
à Marseille			le journée	sera		belle dans la matin
	pregressivement	dans l'après-midi	il	sera		plus nuageux
			la température	sera		de 30 degrees

ÉTUDE DE CAS N° 1: L'ERREUR EN CONTEXTE OU «APRÈS LA PLUIE LE BEAU TEMPS!»

L'intérêt de cette représentation est l'alignement des énoncés de même paradigme, ce qui permet une visualisation assez limpide de la structure globale.

On trouvera p. 100 l'un des deux textes modèles (pour lequel on a exclu la première phrase dont le développement – trop important à droite – aurait «débordé» de la page). Cet exemple met en évidence l'organisation de l'information de part et d'autre du verbe. Dans le texte modèle ainsi que dans les textes 2 et 3 du Corpus 1 (c'est-à-dire ceux des enseignants en formation continue), on retrouve cette forme d'équilibre dans la répartition des informations.

Cette disposition ne masque pas, néanmoins, la spécificité de chacun des textes. Ainsi la mise en espace du texte 2 montre la tendance du scripteur à positionner le groupe nominal sujet après le verbe. Cela met en évidence un environnement inadéquat pour «sera» alors que tel n'est pas le cas pour les autres verbes (*cf.* «il fera chaud», «le temps deviendra orageux», «il y aura le soleil malgré quelques...» est acceptable même si «il y aura **du** soleil» aurait été, bien sûr, préférable).

En outre, à la ligne 7, le verbe est orphelin de son groupe nominal: «Ø sera beau temps». On peut faire ici l'hypothèse d'un télescopage avec la structure proche et relativement figée «il fera beau temps». Notons à ce propos que cette construction impersonnelle est fortement tributaire de son environnement lexical. Cela signifie que l'on ne peut pas isoler des structures du type: «faire + Ø dét. + N» ou «faire + de + N». En effet, on peut avoir: «il fera beau, froid, sec, humide, orageux, gris / il fera du vent, du soleil, de la pluie», mais beaucoup plus difficilement «il fera du brouillard» ou «*il fera de la neige» (les formes plus usuelles étant ici: «il y aura du brouillard» et «il neigera» ou «il y aura de la neige à partir de 800 mètres»). On peut également avoir «il fait jour» / «il fait nuit» mais non «*il fait lune» ou «*il fait vent». Les avis sont partagés quant à l'acceptabilité de «il fait soleil».

Par ailleurs, «il fera» peut encore s'associer à quelques expressions familières: «il fera une de ces chaleurs», «il fera un temps de cochon», «il fera un temps de chien»... mais lorsqu'on aura ajouté l'expression «faire la pluie et le beau temps», les possibilités de construction de ce verbe dans un contexte de météo seront quasiment épuisées. Il serait donc judicieux, lors de la révision / réécriture, de réaliser ce travail de listage des possibles, afin de les retenir.

■ L'INTERPRÉTATION DE L'ERREUR

Les autres textes, ceux du corpus 2 réalisés par des adolescents (p. 101-102), montrent, du point de vue de la répartition de l'information, un déséquilibre «latéralisé» puisque les textes 6 et 9 n'ont respectivement qu'une et deux colonnes à droite du verbe. Autre trait commun : une faible variété lexicale qui se traduit par un sur-emploi du verbe «être».

Le texte 8 propose une répartition plus équilibrée de l'information mais la disponibilité lexicale reste faible (répétitions...) et cela donne le sentiment que le texte n'avance pas. En outre, l'avant-dernière phrase pose un problème d'interprétabilité tant sémantique que syntaxique. D'un autre côté, ce texte exhibe «en creux» la complexité d'emploi des prépositions sur laquelle nous reviendrons.

Dans le texte 9, on trouve un autre télescopage probable entre «sera» et «fera» dans «il sera nuageux» puis «il sera plus nuageux». Bref, répartition de l'information et choix des verbes seraient donc deux orientations possibles pour un travail de révision/réécriture.

b) Construction des prépositions de lieu

Que peut-on dire, après cette observation des schémas syntaxiques, **de contraintes plus locales** comme celles qui pèsent sur les constructions prépositionnelles qui véhiculent des indications spatiales ? Dans les textes modèles, on note deux types de structures prépositionnelles :

1. Des structures simples construites avec une seule préposition. Ce premier cas de figure privilégie l'utilisation de la préposition «sur» : «sur la majeure partie du pays», «sur l'est», «sur l'ouest du pays», «sur le pourtour de la Méditerranée», «sur la moitié nord», «sur les régions méditerranéennes»...

Mais d'autres prépositions sont aussi présentes (dans, sous, près de, vers, à, en) : «dans le nord-est», «dans le sud» ; «dans les régions méridionales», «près de Pyrénées», «près des côtes de la Manche», «à l'ouest», «en montagne», «sous le soleil»...

2. Des structures complexes qui articulent un système à deux, voire à trois prépositions, de type :

• «**de X à Y**» : «**des** Pyrénées **au** Massif central», «**de la** Bretagne **à la** Normandie», «**du** nord **au** nord-est» ;

• «**de X à Y et à Z**» : «**de la** Bretagne **à la** Basse-Normandie **et à** l'Ile-de-France» ;

- « de X et de Y à Z » : « de la Bretagne et de la Basse-Normandie à l'Ile-de-France ».

QU'OBSERVE-T-ON DANS LES PRODUCTIONS DES APPRENANTS ?

Une lecture globale du corpus 2 semble montrer que les scripteurs tendent soit à utiliser toujours la même préposition, par exemple, T4 : « en Lyon », « en autres régions » ; T6 : « dans Strasbourg », « dans les régions méridionales » ; soit à omettre régulièrement les prépositions comme dans le texte 8 : « le sud sera différent », « le nord les nuages se montreront », « la température sera le nord ensoleillée ». Il suffit ici de remplacer le déterminant par la préposition pour que les énoncés soient acceptables. On obtiendrait ainsi : « au sud (ce) sera différent », « au nord les nuages se montreront », « la température sera au nord ensoleillée »...

Les constructions complexes des prépositions sont peu représentées. On relève deux tentatives. L'une dans le texte 2 : « au Massif central à l'Alsace » ; et l'autre dans le texte 6 : « du nord-est les température... et du sud les température descendre... ». Même si ce qui est visé est probablement la structure complexe les apprenants ne restituent qu'un simple redoublement des prépositions. Ce qui rappelle, comme le signalait déjà Pit Corder, que « l'individu n'intègre pas tout ce à quoi il est exposé » (Porquier, 1977b : 29). Les travaux sur l'analyse d'erreurs avaient montré que le fonctionnement des prépositions suscitent de réelles difficultés chez les apprenants de langue étrangère. C'est pour cela que dans la perspective de la réécriture, les structures que l'on vient de commenter ci-dessus (comparaison entre les productions des apprenants et celles des textes authentiques) seraient proposées en guise d'exercice d'appropriation.

Enfin, le dernier niveau pris en considération est celui qui concerne les **phénomènes locaux et infraphrastiques.** Il s'intéresse habituellement à l'adéquation du lexique, aux rapports phonie/graphie ou encore aux phénomènes de frontière de mot (c'est-à-dire à la segmentation). Ici on se limitera cependant à l'étude d'un point particulier. On souhaite en effet centrer l'attention sur les occurrences du terme « température » dans le corpus 2 car elles peuvent alimenter la réflexion à propos de la variation interindividuelle dans ce groupe d'étudiants qui partagent la même langue maternelle (ils sont tous hispanophones).

■ L'INTERPRÉTATION DE L'ERREUR

En guise de préambule, signalons un exemple d'influence de la langue maternelle : celui du traitement du mot « journée » dans le texte 9. Ce mot, qui est masculin en espagnol, semble avoir fait l'objet d'un « transfert négatif » en français puisque le scripteur écrit systématiquement « **le** journée » (3 occurrences + une reprise par « il ») alors que, d'une part, la terminaison de « journ**ée** » met l'accent sur la finale féminine et que, par ailleurs, il place correctement dans les adjectifs les marques du féminin (ensoleill**ée**/b**elle**).

Qu'observe-t-on à propos du mot « température » ? Précisons d'abord que ce mot est très proche formellement dans les deux langues (« la tempéra**ture** » / « la tempera**tura** ») et que le genre est identique. Faisons l'hypothèse que les apprenants ignorent cette proximité. Quels indices ont-ils pu prélever dans les textes authentiques auxquels ils ont été exposés ? Les contextes, hélas, ne sont guère facilitants. En effet, « les températures », forme du pluriel qui masque le genre, apparait deux fois en titre et une fois dans l'expression « côté températures[10] ». Ensuite, on peut faire l'hypothèse que, de nouveau, ce sont les marques du pluriel qui, si elles ne masquent pas vraiment le genre, sont susceptibles néanmoins de faire écran pour les trois adjectifs (« maximales » / « minimales » et « comprises ») qui accompagnent le mot « températures ». Seule une substitution pronominale exhibe sans ambigüité le genre : « **Elles** seront voisin**es**... »[11]. Compte tenu de ce qui vient d'être dit, et sachant qu'aucune intervention pédagogique n'a concerné ce terme, qu'observe-t-on dans les productions des apprenants ?

4 occurrences standard	8 variantes non standard
T4 : une température (x2)	T5, T6, T7, T8 : le température
T6 : les températures	T5 : la temperatura
T9 : la température	T6 : les températaure
	T5, T8 : Ø températures

---

10. On retrouve dans cette forme relativement elliptique le principe d'économie de Frei (voir partie 1).
11. Ces expressions figurent dans les textes que nous n'avons pas cités ici, faute de place.

L'inventaire inscrit dans le tableau précédent montre une grande diversité d'appropriation. Sur douze occurrences totales, on relève quatre occurrences standard et huit occurrences qui présentent des écarts, dont un emprunt. Quatre (T5, T6, T7, T8) concernent le genre ; une (T6), une marque de nombre et de graphie – ajout inopiné d'une lettre – dont on peut faire l'hypothèse qu'il s'agit d'un lapsus ; et deux autres (T5, T8) comportent une omission de déterminant qui peut être induite par l'expression « côté températures » déjà évoquée.

Quelles remarques peut-on faire ? En premier lieu, et contrairement à ce qu'aurait pu suggérer une approche strictement contrastive, les variantes non standard sont difficilement imputables à l'influence de la langue maternelle puisque celle-ci présente structurellement une distance minimale ; en deuxième lieu, et cela est beaucoup plus intéressant, cet exemple illustre le fait que souvent ce n'est pas la structure des langues qui est en cause dans la production des erreurs par les apprenants, mais la manière spécifique dont chacun *interprète* ou *médiatise* (pour reprendre une terminologie proposée par B. Py déjà en 1984) **les différences entre les deux systèmes.**

Prenons un deuxième exemple de ce phénomène dans un autre corpus non présenté ici. Il s'agit du titre d'un texte qui présente la petite ville de Tarrafal située au nord de l'ile de Praia au Cap-Vert[12]. L'étudiant, qui avait pour consigne de réaliser un texte à vocation publicitaire, avait écrit : « La belle village du Tarrafal ». Laissons de côté la question du genre et intéressons-nous au choix du mot. En portugais, l'équivalent est : « La vila do Tarrafal », ce qui se traduirait littéralement en français par « Le bourg de Tarrafal ». Si l'on compare le système portugais et le système français du point de vue de la taille des agglomérations, on a d'un côté : « village / bourg / ville » et du côté portugais : « aldea / vila / cidade ». En cas d'une absence de disponibilité du terme « bourg », qui peut sembler trop spécialisé, le mot « ville », compte tenu de la taille de l'agglomération, aurait été plus adapté que « village ». Mais, en raison de ce qui peut être interprété comme une sorte d'hypercorrection en langue étrangère, c'est-à-dire afin d'éviter ce qu'il croit être un calque – faute stigmatisée s'il en

---

12. Je remercie Paul Mendès et José Arlindo Barretto qui m'ont fourni ce texte que nous avons analysé en situation de formation continue.

est –, l'apprenant choisit le terme «village» qui, bien que ne correspondant pas à la taille de l'agglomération, fait selon sa propre représentation «plus» français. Ce deuxième exemple illustre que dans le cas des erreurs que l'on attribue au contact de la L1 et de la langue cible, les causes peuvent être davantage liées à la représentation que les apprenants se font des langues qu'aux différences réelles des structures des langues en présence.

Pour clore ce chapitre et dans la mesure où des pistes d'intervention pour la réécriture ont déjà été évoquées, nous terminons par un exemple de fiche-outil pour guider la réécriture réalisée avec les enseignants en formation continue. Bien sûr, cet exemple n'est pas un modèle !

> **JE RELIS ET JE RÉÉCRIS MON TEXTE EN FAISANT ATTENTION AUX POINTS SUIVANTS :**
>
> **1. Structure globale du texte**
> • j'organise l'information de l'ensemble du texte en associant :
> – la progression géographique (en parcourant les différentes régions de France) ;
> – la progression temporelle (en suivant les différents moments de la journée) ;
> • je vérifie que je n'ai pas oublié de région ;
> • je précise l'état du ciel ;
> • j'indique les températures à la fin du texte ;
> • j'utilise la 3e personne pour les verbes ;
> • j'utilise le futur ;
> • j'organise le texte en paragraphes.
>
> **2. Au niveau des phrases**
> • je vérifie l'environnement des prépositions ;
> • j'essaie de répartir les informations dans les phrases.
>
> **3. Au niveau des mots**
> • je choisis le verbe «être» mais aussi d'autres verbes (en particulier des verbes de mouvement) ;
> • je choisis du vocabulaire qui donne des indications géographiques ;
> • j'utilise des adjectifs et des adverbes qui indiquent la quantité, la probabilité ;
> • je vérifie les accords (genre, nombre).

CHAPITRE 11

Étude de cas n° 2 : erreur et variation langagière ou « Du rififi en Turquie »[1]

VARIATION LANGAGIÈRE ET REGISTRE FAMILIER

On aborde ici le genre textuel du polar noir « assaisonné » avec une langue argotique et imagée. Bien que ce soit l'une des composantes de la compétence de communication, la question des registres demeure délicate en langue étrangère et les manuels l'abordent en général dans les niveaux 2 lorsque les rudiments du français sont supposés acquis.

Les enseignants (par exemple, Berchiche et Stéphan, 1996) signalent des difficultés de plusieurs ordres. Bien que les apprenants aient conscience de variations dans leur langue d'origine, ces compétences ne sont pas directement transférables en langue étrangère. De plus, les phénomènes qui traduisent la variation ne sont pas exactement délimités puisqu'ils peuvent relever de plusieurs domaines de la langue (lexique, intonation, syntaxe...). Enfin, il faut signaler la confusion – fréquente également chez les locuteurs de langue maternelle – entre les marques sociales, les marques régionales et les marques situationnelles (soit les variations diastratiques, diatopiques et diaphasiques, *cf.* partie 1). C'est ainsi que tel accent – indicateur géographique – sera interprété comme un indicateur social : un

---

1. Les deux textes analysés dans ce chapitre ont été transmis par Aurèle Bardoulat alors en poste dans un lycée bilingue d'Istanbul.

accent berrichon identifiera la personne comme un paysan à Paris, inversement un accent parisien à Perpignan identifiera la personne comme un fonctionnaire.

Lorsqu'ils se retrouvent en France, les étudiants étrangers ont une conscience plus ou moins diffuse de la variation : bien que capables de la repérer, ils ont néanmoins du mal à l'expliciter[2]. Souvent, les erreurs de style ou de registre résultent de décalages liés à des incrustations de termes qui ne s'accordent pas avec leur environnement linguistique[3]. À des fins de clarification, situons la notion de « style » ou « registre » (considérés ici comme synonymes) par rapport à celle plus ancienne et moins pertinente de « niveau de langue ». Évoquons pour cela des travaux fondateurs en FLE.

Le tableau ci-contre reprend en l'illustrant la typologie proposée par Colette Stourdzé et May Collet-Hassan en 1971. L'intérêt d'une telle représentation est de hiérarchiser les niveaux de manière assez subtile… mais cette qualité devient assez vite un défaut dès que l'on cherche comme nous l'avons fait à les illustrer ! En effet, il est parfois difficile – sans un contexte précis – de situer tel mot dans telle ou telle case ou bien de renseigner la totalité des cases : quel équivalent en langue « classique » ou « littéraire » choisir pour « c'est moche », puisque ce qualificatif peut renvoyer à un trait physique ou moral ; comment choisir entre « méprisable » et « affreux » ?

Ce type de « tiroir » induit la représentation erronée d'une correspondance terme à terme entre les différents niveaux. En outre, les définitions sur lesquelles reposaient ces distinctions semblent aujourd'hui très discutables ; le constat d'une norme « autre » laisserait presque penser qu'il n'y aurait pas de règles dans la langue populaire[4]. Il faut aussi se garder du préjugé qui semblerait sous-entendre que les personnes linguistiquement défavorisées ne seraient pas

---

2. Telle étudiante déclare que « le français qu'elle entend à la laverie est moins joli, moins chic, moins élégant », mais sommée de s'expliquer, elle sera à court d'arguments (Berchiche et Stéphan, 1996 : 15).
3. Par exemple : « Nous allâmes au théâtre et nous nous y emmerdâmes » (Gadet, 2000 : 58).
4. Voici comment on la définit en 1971 : « Une langue populaire, parlée naturellement par certaines couches sociales, formées en gros par des Français qui n'ont pas fait d'études secondaires, constitue un instrument de communication dans lequel formes et constructions grammaticales en particulier ne semblent obéir à aucune norme : il suffit que l'interlocuteur paraisse avoir compris le message » (Stourdzé et Collé-Hassan, 1971 : 39).

ÉTUDE DE CAS N° 2 : ERREUR ET VARIATION LANGAGIÈRE OU « DU RIFIFI EN TURQUIE »

Les niveaux de langue, d'après Stourdzé et Collet-Hassan, 1971

LANGUE CONTEMPORAINE				LANGUE CLASSIQUE
Langue populaire	BON USAGE		Langue littéraire	
	Langue familière	Langue courante	Langue soignée	
		parlée / écrite		

[sepaposibl]   ce n'est pas possible
[fopaldir]   il ne faut pas le dire

il bosse dur ça marche vachement bien pour lui	il réussit parce qu'il travaille beaucoup	il réussit parce qu'il est âpre à la besogne

		il est désorienté	
il est paumé / il est déboussolé	il est perdu	il s'est égaré

vachement bon !	très bon !	délicieux !	exquis !	sublime !

chais pas / j'en sais rien	je sais pas	je ne sais pas	je (n)e sais pas	je l'ignore	je ne saurai vous le dire

bidonnant marrant poilant rigolo	drôle amusant	divertissant plaisant

une baffe / une beigne	une taloche	une gifle	un soufflet

se planquer	se cacher	se dissimuler

c'est moche	c'est laid

crécher	habiter	demeurer

capables de varier leurs manières de parler. Ce qui est aussi réducteur que d'imaginer que seules les classes populaires utilisent le langage populaire[5] ! Même si cette dernière remarque ne doit pas occulter qu'il n'y a pas d'étanchéité totale, du point de vue des marques linguistiques, entre la variation sociale et la variation situationnelle. En bref, les critiques qui ont montré le caractère abusivement simplificateur de la notion de niveaux de langue ont conduit d'une part à lui préférer une autre terminologie – on utilise aujourd'hui plutôt « registre » ou « style » – mais surtout, la notion de **registre** renvoie à un point de vue à la fois plus nuancé et plus complexe.

Que retenir ? D'une part, la nécessité de considérer **l'ensemble de la situation** (le thème, le degré de formalité, le canal de communication, la fonction privilégiée : questionner, ordonner...) ; ensuite, la focalisation sur un ensemble de traits linguistiques plutôt que sur un seul, et enfin celle d'être sensible à la difficulté de leur hiérarchisation (Que faut-il considérer comme plus valorisant ou au contraire stigmatisant, dans tel contexte ?).

S'il n'est pas possible d'être exhaustif en la matière, quelques traits linguistiques peuvent néanmoins être répertoriés comme indicateurs d'un registre diaphasique familier ou populaire. Citons-en quelques-uns : les relatives que Pierre Guiraud a qualifiées de « populaires » qui utilisent un « que » omnibus (« le jour que je suis venue », « la chose que je te cause », « la fille que je sors avec » que l'on trouve dans une chanson de Renaud[6]), les simplifications consonantiques (« espliquer »/expliquer, quat/quatre) ; des marques de morphologie verbales non standard : « i-m-croivent-pas » ; des interrogations à redoublement : « quand c'est que c'est que tu viens ? ». La non-réalisation des liaisons facultatives (« aller-au cinéma »), ou l'absence du

---

5. Antony Lodge, qui a conduit une étude destinée à établir un « index d'usage de l'argot », montre que l'index est élevé en haut et en bas de l'échelle sociale (utilisation de mots comme bouffe, fric, bouquin) et beaucoup moins vers le milieu. Cité par Gadet (2000 : 64).
6. Les lieux d'expression de la langue populaire ou familière tendent à se brouiller. Si les exemples littéraires de registres familiers sont bien connus des enseignants qui puisent dans les textes de Queneau, Céline ou Anouilh, des journaux réputés formels comme *Le Monde* ne répugnent pas à recourir à la richesse de la palette expressive de ce type de registre pour coller à l'actualité. C'est ainsi que l'on trouve sous la plume de l'éditorialiste Pierre Georges à propos d'un geste de la main un peu leste d'un candidat à l'élection présidentielle le standard « gifle », mais aussi les variantes « taloche » et « baffe ».

«ne» dans une négation sont devenues tellement communes à l'oral qu'on ne peut plus les considérer comme marquées[7].

DU RIFIFI EN TURQUIE...

> **RIFIFI** [rififi] n. m. (de rif, combat, d'orig. it.; 1942). Arg. Bagarre:
> Si ça continue, [il] va y avoir du rififi.
> *Lexis*, Larousse, 1992, p. 1649.

Les deux textes que nous allons observer sont assez différents à plusieurs égards; ils ont eu pour point de départ un manuel récent de niveau 2 qui évoquait une situation de vol dans une bijouterie. L'enseignante a souhaité élargir les apports du manuel en proposant un document sur lequel des vignettes illustraient de nombreuses expressions imagées ou des expressions de langue familière qui ont été expliquées et commentées collectivement avant de faire l'objet d'un réinvestissement dans un exercice d'écriture. Ce sont ces réalisations que nous allons observer. Le texte n° 1 est rédigé par deux élèves, le texte n° 2 est une production individuelle.

D'un point de vue pragmatique, énonciatif et communicationnel, ces textes renvoient au registre et à la thématique attendus: univers interlope des romans noirs qui met en scène des hors-la-loi, des marginaux et des policiers. Le genre est fortement marqué par le lexique comme c'est souvent le cas d'ailleurs dans les textes authentiques. Les deux textes présentés feront l'objet d'un traitement différencié. On ne s'attardera pas trop sur le premier car il s'agit d'un texte qui ne présente pas de problème majeur. Le second nécessitera, en revanche, plus de bienveillance et d'attention.

Texte 1
Hier, je me suis mis en route pour aller à l'avenue de Bagdat. Je n'ai pas pu prendre un taxi et j'y suis allé à pinces. Pendant que je marchais il m'est arrivé un drôle de truc. D'abord j'ai rencontré avec mon direlo. Il m'a posé où j'allais et il m'a invité dans un bistrot pour manger qqch et pour boire du pinard ou du pot. Je n'avais pas de temps mais aussi je savais que si je le refusais il me virerait. C'est

---

7. Mais attention, l'effacement de «pas» et celui de «ne» ne sont pas équivalents: comparer «je n'ose venir» avec «j'ose pas venir».

■ L'INTERPRÉTATION DE L'ERREUR

> pourquoi je suis allé avec lui. Dans le bistrot nous avons vu une nana, elle versait des larmes de crocodile. Mon direlo a marché vers elle et il lui a demandé son probleme, et lui a donné 50 balles puis la fille s'est barré. Après une demie heures mon patron a quitté le café pour ne pas être en retard à son rendez-vous et je suis resté seul. J'ai décidé d'aller au cinoche. À ce moment-là j'ai vu une fille qui a une taille de guêpe. J'ai marché vers elle et j'ai commencé à la draguer. Je lui ai demandé si elle pouvait venir avec moi, mais elle n'est pas intéressé et elle m'a dit que si je continuais comme ça, je recevrais une tarte. et je suis devenu rouge comme une tomate. À la fin j'ai décidé de retourner chez moi, et j'ai appelé mes amis (a) chez moi pour regarder le match entre Fenerbahg/r (?)e et Galatasaray a la téloche.

La lecture de ce premier texte suscite le sourire (il y a de l'humour) et de la satisfaction (il est globalement réussi). Il faut saluer tout d'abord l'emploi des expressions imagées : leur densité y est tout à fait remarquable et elles sont généralement utilisées à bon escient du point de vue sémantique. Les principales erreurs – à reprendre dans le cadre d'une réécriture – gravitent autour du système verbal : construction et système temporel (traitement de l'antériorité : « qui a / avait une taille de guêpe »). Pour les constructions verbales, on retrouve de classiques difficultés associées à l'utilisation d'une préposition : « j'ai rencontré **avec** mon direlo » ; ou encore celles liées à l'utilisation des pronoms : « si je **le** refusais » ; ou encore celles dues à des contraintes de structures verbales relativement figées : « boire du pinard » mais « **prendre un pot** » ; ou enfin, celles qui introduisent du discours indirect : « Il m'a posé où j'allais » ; « il lui a demandé son problème ». En bref, il ne s'agit là que de quelques écarts ponctuels et locaux. À titre de repère, même relatif, précisons que nous le considérons toutefois comme un « bon » texte d'apprenant de français langue étrangère, compte tenu de la formation suivie par l'apprenant dans cette langue. Le texte est cohérent, complet (ce passage pourrait s'insérer dans une nouvelle pour laquelle il faudrait néanmoins avoir quelques précisions complémentaires : pourquoi allait-il avenue de Bagdad ? Pourquoi était-il pressé ? Pourquoi, en fin de compte, renonce-t-il à ce qu'il allait faire et rentre-t-il regarder la télévision ?). Le texte n° 2 requiert plus de vigilance.

ÉTUDE DE CAS N° 2: ERREUR ET VARIATION LANGAGIÈRE OU «DU RIFIFI EN TURQUIE»

Texte 2
J'ai tait dans mon cartier il y avait deux tiype qu'il s'asiller dans un coin entraine de fummer […] et je vue que deux fliques aproches au deux tiype et j'ai ciflér les deux ce casse dans un petit restau et les deux flique ils avait pas vue que les deux type rentre au petit restau les flique ont compri que j'avait fait un signe au deux type et ils ont venut il mon pris ou garde l'euille apres au comiseria ils avait pas de preuve pour ca il mont l'aisser partire.

Dabord, la graphie surprend et pour accéder au sens il faut ajouter à la stratégie d'oralisation un zeste de bonne volonté interprétative. Du point de vue de la structure, ce texte procède par juxtaposition, caractéristique attribuée aux scripteurs jeunes ou inexperts:

J'ai _____ […] et je _____ tiype et j'ai _____ restau et les deux flique _____ au deux type et ils ont venut _____ partire.

Afin de ne pas rester englué à la surface des mots, on propose, une fois n'est pas coutume, une première réécriture qui, tout en effectuant un toilettage formel reste aussi près que possible du texte de l'apprenant:

Réécriture 1
J'étais dans mon quartier, il y avait deux types qui étaient assis dans un coin en train de fumer […]. J'ai vu que deux flics s'approchaient des deux types alors j'ai sifflé et les deux types se sont cassés dans un petit restau. Les flics n'avaient pas vu que les deux types rentraient dans le restau. Les flics ont compris que j'avais fait un signe aux deux types. Les flics sont alors venus et m'ont mis en garde à vue au commissariat. Comme ils n'avaient pas de preuves de ce que j'avais fait ils m'ont laissé partir.

Néanmoins, on peut estimer qu'en dépit de la correction des erreurs les plus saillantes, ce texte n'est pas encore totalement satisfaisant. Cela tient peut-être à la progression thématique car on est en présence d'un texte qui avance selon le mode «thème constant». Le terme pivot étant le «je» qui construit un récit à la première personne[8]. Plusieurs réécritures seraient envisageables de ce point de vue.

---
8. Rappelons que cela ne signifie pas que le thème doive se trouver obligatoirement en tête de phrase (voir Reichler-Béguelin, Denervaud et Jespersen, 1988: 136 et suivantes).

La seconde réécriture que nous proposons vise une forme plus proche d'un « bon usage » en langue cible par une utilisation plus importante des substituts. Pour cette réécriture, plusieurs enchainements substitutifs étaient envisageables en fonction du choix de la reprise qui pouvait porter soit sur « deux types », soit sur « les flics ». Le texte ci-après choisit la première solution. Ce faisant, on induit un déplacement du thème dans la progression : passage de « je » à « ils ».

> **Réécriture 2**
> J'étais dans mon quartier, il y avait <u>deux types</u> qui étaient assis dans un coin en train de fumer […]. J'ai vu deux flics s'approcher <u>d'eux</u>. J'ai sifflé et <u>ils</u> se sont cassés dans un petit restau sans que les flics ne <u>les</u> voient. Mais les flics avaient compris que je <u>leur</u> avais fait un signe, ils sont alors venus me chercher et m'ont mis en garde à vue au commissariat ; mais comme ils n'avaient pas de preuves de ce que j'avais fait ils m'ont laissé partir.

Quel est l'effet produit ? Cette réécriture plus proche de ce qui est attendu d'un point de vue scolaire est-elle réellement plus pertinente du point de vue du genre de texte ? La dimension orale et le genre textuel du récit à la première personne qui était fort bien restituée dans la version originale de l'apprenant s'est singulièrement affadie après cette réécriture. Lissée par un trop grand respect des normes scolaires, ce texte a perdu son efficacité stylistique... et, en définitive, les enseignants auxquels on a soumis cette nouvelle version ont déclaré qu'ils préféraient la spontanéité de la version initiale !

Quelles remarques peut-on faire au niveau infraphrastique ?

On relève quelques problèmes de frontière de mot (« J'ai tait / il mont l'aisser ») ainsi que, sans surprise, des écarts liées aux lettres doubles (fummer, aproches) mais il s'agit néanmoins de phénomènes relativement marginaux. Plus intéressante semble être, en revanche, la question du pluriel. Elle semble révéler une appropriation singulière. D'une part, les relations déterminant / nom se caractérisent par une grande régularité. Alors qu'il n'y a qu'un seul nom qui comporte l'accord du pluriel, les déterminants sont, eux, régulièrement marqués par une forme en « x » ou en « s » : « deux type / deux fliques / deux tiype / les deux flique / les deux type / les flique / au deux type ». D'autre part, l'étude des accords sujet / verbe révèle également quelques constantes.

ÉTUDE DE CAS N° 2 : ERREUR ET VARIATION LANGAGIÈRE OU « DU RIFIFI EN TURQUIE »

Le tableau ci-dessous montre que les solutions adoptées ne sont pas isolées ou aléatoires mais plutôt récurrentes.

deux fliques aproches	Ils avait pas vue	les flique ont compri
les deux ce casse	ils avait pas de preuve	
les deux type rentre	ils ont venut	il mon pris
		Il mont l'aisser partire

Dans la perspective d'un étayage pour la réécriture, il est précieux d'interroger l'élève à propos de sa conception de la notion de pluriel. La variation qui affecte les pronoms « ils » provient-elle d'un lapsus ou s'agit-il, au contraire, d'une micro-règle spécifique à un stade particulier de l'interlangue de cet élève ? On constate que les formes au pluriel (colonne centrale) renvoient aux policiers alors que les deux formes au singulier (au bas de la colonne de droite) associent le locuteur (mon, mont). De plus, l'alternance entre les formes de pluriel et celles du singulier dans la linéarité du texte sont frappantes : l'attribution de cette régularité est-elle vraiment due au hasard ?

« il<u>s</u> ont venut ilØ mon pris [...] il<u>s</u> avait pas de preuve pour ca ilØ mont l'aisser partire »

Cette observation nous rappelle le cas de tel élève qui semblait écrire « sommeil » et « sommeille » de manière apparemment aléatoire et qui révéla en fin de compte qu'il écrivait « sommeil » quand le sujet était masculin et « sommeille » quand il était féminin. Réponse cohérente si l'on considère que le féminin de « eil » est en effet « eille », mais réponse erronée qui révèle que la distinction verbe/nom n'est pas maîtrisée (Bougeot, 1996 : 36).

Pour clore ce chapitre, nous proposons ci-après un tableau répertoriant différentes modalités d'actions en retour car il nous semble important de pouvoir varier les dispositifs mis en place.

Sans prétendre à l'exhaustivité, ce tableau essaie néanmoins d'inventorier un large panorama des possibles pédagogiques. On peut ainsi reconstituer la caricature d'une pratique « traditionnelle » de correction :

L'enseignant (4) annote un texte définitif (7). En début de texte (8), il propose en quelques phrases (21) son impression générale du

■ L'INTERPRÉTATION DE L'ERREUR

DIVERSIFIER LA CORRECTION OU L'ACTION EN RETOUR (FEED-BACK)

- **Qui ?**
  - le scripteur lui-même (1)
  - un pair (2)
  - un groupe de pairs (3)
  - l'enseignant (4)

- **Quand ?**
  - recherche d'idées (5)
  - texte intermédiaire (6)
  - texte « définitif » (7)

- **Où ?**
  - début/fin de texte (8)
  - dans la marge (9)
  - intralinéaire (10)

- **Comment ?**
  - rétroaction « zéro » (11)
  - rétroaction
    - implicite (12)
    - explicite
      - positif (13)
      - négatif (14)
      - neutre (descriptif ?) (15)

- **Par quels moyens ?**
  - rétroaction orale
    - collectif (16)
    - groupe de pairs (17)
    - individuel
      - face à face (18)
      - enregistré (19)
  - rétroaction écrite (annotations)
    - mots/abréviations (20)
    - phrases (21)
    - signes graphiques (22)
    - codes/grilles (23)

- **Quoi ?**
  - forme/contenu (24)
  - niveaux
    - énonciatif/pragmatique (25)
    - textuel/interphrastique (26)
    - syntaxique (27)
    - infrasyntaxique (28)

- **Pourquoi ?**
  - développer la compétence scripturale (29)
  - développer la compétence linguistique (30)
  - développer la confiance en soi, la motivation (31).

devoir. Dans la marge (9) et dans le corps du texte (10), il signale par des mots ou des signes graphiques (20, 22) des dysfonctionnements ponctuels (27, 28). On considèrera qu'il s'agit d'une rétroaction « zéro » (11) quand il omettra de signaler certaines erreurs ; qu'il s'agit d'une rétroaction implicite (12) quand il souligne une erreur par deux traits sans préciser ce dont il s'agit, ou quand il repérera dans la marge par un trait ondulé et un point d'interrogation (12, 22) un passage inadéquat ; qu'il propose une rétroaction neutre (15) dont l'élève devra tirer les conséquences quand il précise par exemple : *là tu as mis le verbe au singulier...*

Mais ce tableau permet aussi de donner une indication des nombreux dispositifs de feed-back que l'enseignant peut mettre en place. Donnons-en trois exemples :

> • Un enseignant enregistre sur une cassette audio les commentaires qu'il fait d'un brouillon annoté par ailleurs de chiffres de référence (voir à ce sujet les propositions de Hyland, 1990). Ces commentaires de type descriptif/positif concernent le niveau pragmatique et ont pour objectif de développer la compétence textuelle de l'apprenant en lui faisant prendre conscience de ce qu'il réussit (... *dans le texte que tu as écrit tu montres en décrivant les vêtements du personnage principal que tu respectes ce que l'on te demande de faire dans la consigne...* cf. 4, 6, 15, 19, 22, 25, 29, 31).

> • Un groupe d'élèves repère dans le texte « intermédiaire » d'un camarade, par des soulignements, et à l'aide d'une grille élaborée collectivement, les dysfonctionnements liés au marquage du nombre (singulier/pluriel) et cela à des fins de développement de la compétence linguistique (*cf.* 3, 7, 10, 14, 22, 27, 30).

> • Un enseignant et l'ensemble du groupe-classe observent, en vue de l'améliorer, un texte reproduit sur un transparent au rétroprojecteur. Suite aux remarques faites collectivement, chaque enfant réécrira le texte en question (voir David J., 1992, et Oriol-Boyer, 1984, pour des exemples de ce type de feed-back).

Les possibilités, on le voit, sont nombreuses : il ne s'agit là que d'une sorte de matrice dans laquelle on puisera selon la spécificité de la situation d'apprentissage mise en place. L'essentiel étant sans doute de ne pas recourir systématiquement à un seul type de feed-back.

En guise de conclusion (toujours provisoire)…

> « On me demandera : quelle est votre théorie ? Je répondrai : Aucune. Et c'est cela qui fait peur : on aimerait savoir quelle est ma doctrine, la foi qu'il faudra embrasser le temps de ce livre. Soyez rassurés, ou encore plus inquiets. Je n'ai pas de foi. »
>
> Antoine Compagnon,
> *Le Démon de la théorie*, 1997.

Au terme de ce voyage au pays de l'erreur, trois remarques et un souhait.

La première remarque porte sur le caractère particulièrement **subjectif** de l'interprétation des erreurs. Il est frappant de constater que, dans des colloques à caractère scientifique, toutes (sans exception) les communications consacrées à des travaux sur les erreurs ou à divers types de dysfonctionnements ou d'écarts par rapport à des normes déterminées font systématiquement l'objet de contestations. Telle personne trouve que la forme stigmatisée est en fin de compte acceptable du point de vue de « sa » norme (« mais cela se dit, moi je l'utilise souvent… ») ; telle autre n'est pas d'accord avec l'analyse qui en est proposée ; telle autre enfin trouve que l'appareillage théorique de référence est contestable… L'interprétation des erreurs demeure l'un des domaines les plus mouvants et les plus instables de la didactique des langues. Le risque d'insécurité professionnelle par manque de références est alors important.

La deuxième remarque porte sur la distinction entre connaissance d'une langue et **savoir-faire** dans le domaine de l'interprétation des erreurs. Les formateurs de futurs professeurs de langue constatent régulièrement que des futurs enseignants qui maitrisent pourtant de manière remarquable la langue qu'ils doivent enseigner demeurent néanmoins extrêmement démunis face aux erreurs : d'une part, de nombreuses erreurs ne sont pas « vues » et, d'autre part, lorsqu'elles sont repérées, l'action en retour se limite à un signalement qui reste sans suite. L'interprétation des erreurs demeure un domaine trop peu pris en compte dans les cursus de formation professionnelle. Le risque est alors grand de reproduire ce à quoi on a été soi-même exposé.

La troisième remarque porte sur les **attentes des apprenants** vis-à-vis de leurs erreurs. Elles sont immenses. Diverses recherches ont montré que les attentes des apprenants de langue étrangère ou seconde sont plus importantes que celles des natifs ; qu'elles concernent davantage les aspects formels de la langue mais qu'il faut être néanmoins prudent car une attention précoce peut avoir des effets inhibiteurs ; on sait aussi que le signalement des erreurs permet de meilleures performances linguistiques... L'interprétation des erreurs n'est pas assez présente dans la pratique quotidienne des classes de langue étrangère et elle demeure négligée dans la prise en compte des processus d'appropriation des langues étangères. Le risque est alors grand de faire comme si l'erreur n'existait pas.

Le souhait, on l'aura compris à la lecture de ces remarques et au terme de ce trop rapide parcours, est que le lecteur ait trouvé dans cet opuscule quelques outils lui permettant de se situer dans sa pratique et qu'il ait été convaincu de la nécessité d'adopter une **attitude bienveillante à l'égard de l'erreur**, mais aussi une **attitude attentive et active**. La réaction «idéale» aux erreurs devrait éviter deux risques extrêmes, d'une part, l'absence systématique de correction (sous prétexte de privilégier l'intention de communication) qui aboutirait immanquablement à la stabilisation des écarts (soit à des fossilisations), et, d'autre part, une correction systématique (sous prétexte de privilégier l'adéquation aux aspects formels du code) qui aboutirait immanquablement à l'inhibition du locuteur, cela sans oublier par ailleurs que ce dosage idéal est susceptible de variations selon les apprenants. Interpréter les erreurs sera toujours une pratique risquée du métier d'enseignant (car jamais totalement définitive et jamais totalement certaine) mais elle est pourtant indispensable car seule une réaction réfléchie prenant en compte les spécificités des productions de chaque élève nous semble à même de permettre un étayage pertinent qui accompagnera l'élève sur le chemin de son apprentissage.

Réponses au questionnaire sur l'erreur

1. Qu'est-ce qu'une erreur ? Qu'est-ce qu'une faute ?

Dans le langage courant, ces deux termes sont quasi équivalents ; néanmoins « faute » est marqué par une connotation religieuse ; dans ce contexte, « erreur » est plus neutre. Dans le domaine de la didactique des langues, erreur et faute renvoient à une distinction de nature. Les fautes correspondent à des erreurs de type « lapsus » inattention/fatigue que l'élève peut corriger (oubli des marques de pluriel, alors que le mécanisme est maitrisé). En revanche, les erreurs relèvent d'une méconnaissance de la règle de fonctionnement (par exemple, accorder le pluriel de « cheval » en « chevals » lorsqu'on ignore qu'il s'agit d'un pluriel irrégulier). Les élèves ne peuvent donc pas corriger tout seuls leurs erreurs.

2. L'apprentissage d'une langue étrangère peut-il ou doit-il se faire « sans erreurs » ou « sans fautes » ?

Cette question comporte des sous-entendus. D'une part, la distinction entre erreur et faute que l'on vient de voir ; et d'autre part, la distinction établie entre « peut-il » et « doit-il » prend tout son sens lorsqu'on la situe dans la période du courant audio-oraliste d'inspiration béhavioriste au cours de laquelle les élèves ne devaient pas être mis en situation de produire des erreurs. Dans ce but la progression des notions était préparée très minutieusement (*step by step*). Laisser l'apprenant prendre des risques, lui laisser le droit à l'erreur suppose une plus grande marge de liberté pour ses choix linguistiques : dans ce contexte, l'enseignant les acceptera comme indices des étapes de l'apprentissage et/ou comme résultat de son enseignement.

3. Pour quelles raisons des erreurs se produisent-elles dans l'apprentissage d'une LE ?

Cette question renvoie à la notion de **cause** des erreurs. Là aussi, la réponse peut varier selon les périodes considérées : lors de la période contrastive, on estimait que les erreurs provenaient des différences de structure entre la langue maternelle et la langue cible. Dans la période de l'analyse des erreurs, on a observé que les écarts à la norme pouvaient **aussi** résulter d'irrégularités intralinguales ou de phénomènes de surgénéralisation (c'est-à-dire d'application d'une règle au-delà du domaine concerné). Les enfants qui apprennent à parler commettent souvent ce genre d'erreur.

4. Les erreurs peuvent-elles être utiles dans l'apprentissage ? Pourquoi ? Pour qui : pour l'enseignant ? pour l'élève ?

Dire qu'une erreur est utile est sans doute excessif, néanmoins les erreurs tout comme les brouillons devraient bénéficier d'une plus grande tolérance dans nos traditions scolaires. L'erreur est un indice de la représentation que l'élève a du système de la langue ; elle est aussi un miroir qui renvoie à l'enseignant des informations sur l'enseignement proposé. Pour l'élève, l'erreur ne devrait pas être interprétée (seulement) en termes de défaillance (ce qui, parfois, va jusqu'à remettre en cause sa valeur en tant que personne) mais comme indication d'une étape à surmonter.

5. Faut-il corriger toutes les erreurs qui se produisent ?

Cette question délicate appelle une réponse relative. Parfois, il y a tellement d'erreurs sur certaines copies que l'enseignant en est découragé. Dans ce cas, il est préférable de corriger principalement les erreurs en fonction des objectifs de l'exercice. Mais l'enseignant doit savoir (afin de pouvoir en informer l'élève) quelles sont les erreurs pour lesquelles il souhaite adopter un degré d'acceptation « zéro ». Ce degré d'acceptation sera variable bien sûr selon la spécificité et les objectifs du cursus.

6. Quelle hiérarchie établir dans la gravité des erreurs ?

Le degré de gravité des erreurs est à mettre en relation avec les objectifs d'apprentissage (après un travail sur le discours rapporté, les écarts dans ce domaine seront estimés les « plus graves »). Néanmoins, la gravité des erreurs est relative car, au fur et à mesure de l'avancée dans la maitrise de la langue, les erreurs évoluent. Si l'on souhaite y sensibiliser les apprenants, il serait utile de classer les erreurs avec eux (par catégories syntaxiques, en fonction de la portée communicative, en fonction des opérations de réécriture : ajouter/

remplacer/supprimer/déplacer). Ce type de travail rendra les apprenants plus habiles pour corriger leurs erreurs.

7. Les ressemblances entre les langues constituent-elles une aide ou une entrave ?

Réponse double ici car la proximité entre les langues est à la fois une aide et une entrave. On sait grâce aux travaux de l'analyse contrastive que l'on transfère ses savoirs linguistiques d'une langue à l'autre (cela s'observe en particulier dans les phénomènes tels que les emprunts, les calques – traductions littérales – que l'on regroupe sous la catégorie générale d'interférences ou de marque transcodiques). La tradition scolaire a davantage insisté sur les aspects négatifs de cette proximité (*cf.* les fameux « faux-amis ») que sur les aspects positifs. Il existe néanmoins des travaux qui s'appuient sur les proximités ou la transparence entre les langues (voir Seguin, 1990 ; Dabène, 1996 ; Collès *et al.*, 2001).

8. Est-il dangereux de présenter dans la classe des erreurs ?

Non. Bien que la tradition audio-orale et béhavioriste ait laissé des séquelles dans ce domaine. On a souvent dit, en effet, que si les apprenants « voyaient » les erreurs, ils risquaient de les fixer. Il s'agit là d'une curieuse conception de l'apprentissage par contact. Pour contrer cette idée, il faut rappeler qu'au début du siècle existaient des exercices de cacographie (erreurs à corriger) qui étaient très prisés. Aujourd'hui, où on considère qu'à l'origine de l'apprentissage il y a une activité cognitive ou réflexive, il n'est pas illogique de faire réfléchir les élèves sur leurs propres erreurs. Solliciter des explications sur tel ou tel écart peut les aider à prendre conscience d'une structure de règle inadéquate dans un contexte donné.

Bibliographie

ALBER J.-L. et PY B. (1986), «Vers un modèle exolingue de la communication interculturelle: interparole, coopération, et conversation», *ÉLA*, 61: 78-90.
ALOKPON J.-B. (2001), «Le français routier au Bénin: pièges et richesses lexicales», *Le FA,* 132: 17-22.
AUROUX S. (1994), *La Révolution technologique de la grammatisation*, Liège, Mardaga.
BAGGIONI D. (1995), «Variante géographique du français. Remarques sur le présuposés théoriques et la grille de classement de Cl. Poirier» in Francard M. et Latin D. dir., *op. cit.,* 67-77.
BANNIARD M. (2001), «Causes et rythmes du changement langagier en Occident latin (IIIe-VIIIe s.)», *Tranel,* 34-35: 85-99.
BERCHICHE Y. et STÉPHAN A.-J. (1996), «Des styles en classe de français langue étrangère», *Le FA,* 116: 14-22.
BESSE H. et PORQUIER R. (1984), *Grammaire et didactique des langues*, Paris, Crédif, Hatier-Didier.
BESSE H. (1991), «Quelques précisions conceptuelles sur l'enseignement apprentissage des langues», *Cahiers de linguistique sociale de Rouen*, 205-220.
BESSE H. (2001), «Peut-on "naturaliser" l'enseignement des langues en général, et celui du français en particulier?», *LFDLM Recherches et applications,* 29-57.
BIJELJAC R. et BRETON R. (1997), *Du langage aux langues*, Paris, Gallimard.
BILGER M. (1990), "Aplicaciones del análisis en grille a la comprensión de textos orales y a la enseñanza de la composición", *Anuario de psicologia*, 47: 29-42.
BILLIEZ J. (1997), «Poésie musicale urbaine: jeux et enjeux du rap», *CFC,* 4: 135-155.
BLANCHE-BENVENISTE Cl. (1997), *Approches de la langue parlée en français*, Paris, Ophrys.
BOUGEOT Ch. (1996), «Types d'erreurs et essai d'interprétation», *Français langue étrangère: une solution pour les zones d'éducation prioritaire?*, Villeurbanne, Mario Mella Édition, 33-36.
BOUTON Ch.-P. (1974), *L'Acquisition d'une langue étrangère*, Paris, Klincksieck.
CALVET L.-J. (2001), «"Sabstenir" ou "s'abstiner"», *LFDLM,* 313: 23.
CANÉROT M.-F. dir. (1991), «L'obsession de la faute», *La Licorne,* 20.
CAPPEAU P. et SAVELLI M. (1997), «Quelle grammaire pour le texte?», *Repères,* 14: 201-212.
CARROLL M. et BECKER A. (1993), "Reference to space in learner varieties" in C. Perdue dir., *Adult Language Acquisition: Cross-linguistic Perspectives*. Vol. II: *The Results*, Cambridge: Cambridge University Press, 118-149.
CATACH N. (2001), *Histoire de l'orthographe française*, Paris, H. Champion.

CATACH N. (1996), *L'Orthographe*, Paris, PUF.
CATACH N. (1997), « La langue française à travers les âges », *Lettre d'information* n° 22, Département de l'information et de la communication, 28 janvier 1997. Ministère de la Culture et de la Communication.
CERQUIGLINI B. (1996), *Le Roman de l'orthographe. Au paradis des mots, avant la faute. 1150-1694*, Paris, Hatier.
CERQUIGNINI B. (1995), *L'Accent du souvenir*, Paris, Les Éditions de minuit
CHAUDENSON R. (1991), *La Francophonie : représentations, réalités, perspectives*, Paris, Didier Érudition.
Chaudenson R. (1993), « Francophonie, "français zéro", et français régional », in de Robillard D., Beniamo M., Bavoux Cl. dir., *Le français dans l'espace francophone*, t. 1, Paris-Genève : Champion-Slatkine.
CHISS J.-L., FILLIOLET J., MAINGUENEAU D. (1993), *Linguistique française notions fondamentales, phonétique lexique*, Paris, Hachette.
CHOMSKY N. (1972), « Théorie linguistique », *LFDLM*, 88.
COLLÈS L., DUFAYS J.-L., FABRY G., MAEDER C. dir. (2001), *Didactique des langues romanes*, Bruxelles, De Boeck-Duculot.
CORDER P. (1971), « Le rôle de l'analyse systématique des erreurs en linguistique appliquée », *Bulletin CILA*, 14 : 6-15.
CORDER P. (1980 / 1967), « Que signifient les erreurs des apprenants ? », *Langages*, 57 : 9-15.
COSTE D. (1992), « Linguistique de l'acquisition et didactique des langues. repères pour des trajectoires », in Bouchard R. et coll., *Acquisition et enseignement / apprentissage des langues*, Grenoble, Lidilem, 319-328.
DABÈNE L. (1994), *Repères sociolinguistiques pour l'enseignement des langues*, Paris, Hachette.
DABÈNE L. (1996), « Pour une contrastivité "revisitée" », *ÉLA*, 104 : 393-400.
DAVID J. (1992), « Procédés de révision et connaissances métalinguistiques dans la réécriture d'un texte en CE1 », *Calap* 9.
DE HEREDIA Ch. (1983) : « Les parlers français des migrants », in F. François dir. : *J'cause français, non ?*, Paris, Cahiers libres 380 / La Découverte-Maspero, 95-126.
DE PIETRO J.-F. (1988) : « Vers une typologie des situations de contact linguistique », *Langage et société*, 43 : 65-89.
DE PIETRO J.-F., MATTHEY M. et PY B. (1989), « Acquisition et contrat didactique : les séquences potentiellement acquisitionnelles de la conversation exolingue », Weil D. et Fugier H. dir., *Actes du 3ᵉ colloque régional de linguistique*, Strasbourg, Université Pasteur, 99-124.
DE ROBILLARD D. (1998), « Le français régional existe-t-il à l'île Maurice ? Une enquête à travers la correction de copies », *Plurilinguismes,* 14 : 31-50.
DEBYSER F. (1971), « La linguistique contrastive et les interférences », *LF*, 8 : 31-62.
DEBYSER F., HOUIS M., NOYAU-ROJAS C. (1967), *Grille de classement typologique des fautes*, Paris, Belc.
DEMONET M.-L. (à paraître), « L'espace linguistique européen » dans Zink M. et Lestringant F., *Histoire de la France littéraire*, Paris, PUF.

DEPREZ Ch. (1994), *Les Enfants bilingues: langues et familles*, Paris, Didier.
DIETRICH R., KLEIN W., NOYAU C. (1995), *The Acquisition of Temporality in a Second Language*, Amsterdam, Benjamins.
ENCREVÉ P. (2002), « Une politique de la variante : brève histoire du Rapport sur les rectifications de l'orthographe », *Liaisons-Airoé*, 34-35 : 7-16.
FABRE-COLS Cl. dir. (2001), *Apprendre à lire des textes d'enfants*, Bruxelles, de Boeck-Duculot.
FRANCARD M. et LATIN D. dir. (1995), *Le Régionalisme lexical*, Louvain-la-Neuve : Duculot.
FRANÇOIS F. (1974), *L'Enseignement et la diversité des grammaires*, Paris, Hachette.
FREI H. (1971), *La Grammaire des fautes*, Genève, Slatkine reprints (éd. originale 1929).
FRIES C.C. (1945), *Teaching and Learning English as a Foreign Language*, Ann Arbor, University of Michigan Press.
GADET F. (1989), *Le Français ordinaire*, Paris, Armand Colin.
GADET F. (2000), « Langue française, ton diaphasique fout le camp ? » in Rousseau J. et Demarty-Warzeé J., dir. : *Français de l'avenir et avenir du français*, Paris, CIEP : 57-67.
GALISSON R. et COSTE D. (1976), *Dictionnaire de didactique des langues*, Paris, Hachette.
GERMAIN Cl. (1993), *Évolution de l'enseignement des langues : 5000 ans d'histoire*, Paris, Clé international.
GIACOBBE J. (1992), *Acquisition d'une langue étrangère, cognition et interaction*, Paris, CNRS.
GROSJEAN F. (1982), *Life with Two Languages. An Introduction to Bilingualism*, Cambridge, Harvard University Press.
GROSJEAN F. (1993), « Le bilinguisme et le biculturalisme. Essai de définition », *Tranel*, 19 : 19-39.
GUEUNIER N. (1982), « Linguistique et normes », *LFDLM*, 169 : 17-25.
GUEUNIER N. (1986), « Présent et avenir du français », *Le FA, 74* : 101-108.
GUIRAUD P. (1969), « Français populaire ou français relâché », *Le FA*, 8 : 40.
HYLAND K. (1990), "Providing productive feedback", *ELT Journal* 44-4 : 279-285.
JAFFRÉ J.-P. et FAYOL M. (1997), *Orthographes. Des systèmes aux usages*, Paris, Flammarion.
KLEIN W. (1989), *L'Acquisition de langue étrangère*, Paris, A. Colin.
LADO R. (1957), *Linguistics across Cultures*, Ann Arbor, University of Michigan Press.
LAMY A. (1976), « Pédagogie de la faute ou de l'acceptabilité », *ÉLA,* 22 : 118-127.
LAROUSSI F. et BABAULT S. dir. (2001), *Variations et Dynamisme du français. Une approche polynomique de l'espace francophone*, Paris, L'Harmattan.
LEEMAN-BOUIX D. (1994), *Les fautes de français existent-elles ?*, Paris, Seuil.
LÜDI G. et PY B. (1986), *Etre bilingue*, Berne, Peter Lang.

Lüdi G. (1987), « Présentation les marques transcodiques : regards nouveaux sur le bilinguisme » in Lüdi G. dir., *op. cit.*, 1-21.

Lüdi G. dir. (1987), *Devenir bilingue / parler bilingue*, Tubingen, M. Niemayer Verlag.

Marchello-Nizia Ch. (1999), *Le français en diachronie, douze siècles d'évolution*, Paris, Ophrys.

Marquilló Larruy M. (1993a), « Analyse de consigne et évaluation », *LFDLM, Recherches et Applications*, Paris, Hachette-Édicef, 83-95.

Marquilló Larruy M. (1996), « Une grille de correction comme variété d'annotation de copies : quels critères retenir pour l'élaboration de ce type d'aide à la réécriture ? », in Bouchard R. et Meyer J.-C. dir., *Les Métalangages de la classe de français*, Lyon, AIDFLM, 189-191.

Martin R. (1978), *La Notion de recevabilité en linguistique*, Paris, Klincksieck.

Matalon B. (1996), *La Construction de la science*, Lausanne, Delachaux & Niestlé.

Matthey M. (1996), *Apprentissage d'une langue et interaction verbale*, Berne, Peter Lang.

Merkt G. (1993), « Traitement des déviances au-delà du domaine morphosyntaxique dans l'enseignement des langues étrangères », *Bulag / Tranel*, 20 : 55-68.

Milner J.-Cl. (1995), *Introduction à une science du langage*, Paris, Le Seuil.

Moles A. (1995), *Les Sciences de l'imprécis*, Paris, Le Seuil.

Moore D. (1996), « Bouées transcodiques en situation immersive ou comment interagir avec deux langues quand on apprend une langue étrangère », *AILE* 7 : 95-121.

Moreau M.-L. dir. (1997), *Sociolinguistique concepts de base*, Liège, Margada.

Noyau C. et Véronique D. (1986), « Survey article », *SSLA*, 8 : 245-263.

Noyau C. (1980), « Étudier l'acquisition d'une langue non maternelle en milieu naturel », *Langages*, 57 : 73-86.

Noyau C. (1984), « Communiquer quand on ignore la langue de l'autre », in Noyau C. et Porquier R. dir., *Communiquer dans la langue de l'autre*, Presses universitaires de Vincennes, 8-36.

Oriol-Boyer Cl. (1990), « Écrire en atelier », *Texte en main* 1 : 5-18.

Perdue Cl. (1995), *L'Acquisition du français et de l'anglais par des adultes. Former des énoncés*, Paris, CNRS.

Perero M. (1968), *Travaux préparatoires à l'enseignement du français aux hispanophones. 1. Ébauche de comparaison grammaticale*, Paris, BELC, mp/am, (document ronéoté n°2102).

Perret M. (1998), *Introduction à l'histoire de la langue française*, Paris, Sedes.

Perrot M.-É. (à paraitre en 2002), « Le français acadien en contact avec l'anglais : analyse de situations distinctes », in Magord A. dir., *L'Acadie plurielle*, Poitiers / Moncton, Institut d'études acadiennes et québécoises de Poitiers / Centre d'études acadiennes de Moncton (Nouveau-Brunswick).

Poirier Cl. (1995), « Les variantes topolectales du lexique français. Propositions de classement à partir d'exemples québécois », in Francard M. et Latin D., *op. cit.*, 13-55.

PÖLL B. (1998), « Le français ou *les* français ? La difficile naissance de la pluricentricité », *Lengas*, 43 : 163-182.

PORQUIER R. (1977a), « Analogie, généralisation et systèmes intermédiaires dans l'apprentissage d'une langue non maternelle », *Bulletin de linguistique appliquée et générale*, 3, Besançon, 37-64.

PORQUIER R. et FRAUENFELDER U. (1980), « Enseignants et apprenants face à l'erreur », *LFDLM, 154 : 29-36*.

PORQUIER R. (1977b), « L'analyse des erreurs. Problèmes et perspectives », *ÉLA*, 25 : 23-43.

PUREN Ch. (1988), *Histoire des méthodologies*, Paris, Cle international.

PY B. et GROSJEAN F. (1991), « La restructuration d'une première langue : l'intégration de variantes de contact dans la compétence de migrants bilingues », *La Linguistique*, 27-2 : 35-60.

PY B. (1977), « Étude expérimentale de quelques stratégies d'apprentissage d'une langue étrangère par des adultes », *ÉLA*, 21 : 81-97.

PY B. (1982), « Interlangue et dégénérescence d'une compétence linguistique », *Encrages*, 8/9 : 76-86.

PY B. (1984), « L'analyse contrastive : histoire et situation actuelle », *LFDLM*, 185 : 32-37.

PY B. (1994), « Simplification, complexification, et discours exolingue »,*CFC*, 1 : 89-101.

PY B. dir. (1984), *Acquisition d'une langue étrangère III*, PUV / Encrages / Université de Neuchâtel.

REASON J. (1993), *L'Erreur humaine*, Paris, PUF.

REICHLER-BÉGUELIN M.-J., DENERVAUD M., JESPERSEN M. (1988), *Écrire en français. Cohésion textuelle et apprentissage de l'expression écrite*, Lausanne, Delachaux et Niestlé.

REY A. (1972), « Usages jugements et prescriptions linguistiques », *LF*, 16 : 4-28.

RICHET B. (1993), « Quelques réflexions sur la traduction des références culturelles. Les citations littéraires chez Astérix », *La Traduction à l'Université. Recherche et propositions didactiques*, in M. Ballard dir., Lille, Presses universitaires de Lille.

ROULET E. (1976), « L'apport des sciences du langage à la diversification des méthodes d'enseignement des langues secondes en fonction des caractéristiques des publics visés », *ÉLA*, 21 : 43-80.

SEGUIN H. (1988), « L'écriture des mots communs à deux langues de même alphabet : étude comparée du français et de l'anglais », in Catach N. dir., *Pour une théorie de la langue écrite*, Paris, Éditions du CNRS.

STOURDZÉ C. et COLLET-HASSAN M. (1971), « Les niveaux de langue », *Guide pédagogique pour le professeur de français langue étrangère*, Paris, Hachette, 38-44.

VÉRONIQUE D. (1984), « Apprentissage naturel et apprentissage guidé », *LFDLM*, 185 : 45-52.

VÉRONIQUE D. (1992), « Recherches sur l'acquisition des langues secondes : un état des lieux et quelques perspectives », *AILE*, 1 : 5-36.

VÉRONIQUE D. (1994), « Contextes socioculturels et appropriation des langues secondes : l'apprentissage en milieu social et la créolisation », *Bulletin suisse de linguistique appliquée*, 65-83.

VÉRONIQUE D. (2001), « Genèse(s) et changement(s) grammaticaux : quelques modestes leçons tirées de l'émergence des créoles et de l'acquisition des langues », *Tranel*, 34-35 : 273-303.

VIGNEAUX G. (1991), *Les Sciences cognitives. Une Introduction*, Paris, La Découverte.

VOGEL K. (1995), *L'Interlangue, la langue de l'apprenant* (trad. de Confais et Bohée), Toulouse, Presses universitaires du Mirail.

WALTER H. (1988), *Le Français dans tous les sens*, Paris, Laffont.

WALTER H. (1997), *L'Aventure des mots français venus d'ailleurs*, Paris, Laffont.

YAGUELLO M. (1991), *En écoutant parler la langue*, Paris, Seuil.

Sigles correspondant à des noms de revues ou à des institutions :
- *ÉLA : Études de linguistique appliquée*, Paris, Didier Érudition
- *Le FA : Le français aujourd'hui*, Paris, AFEF
- *LF : Langue française*, Paris, Larousse
- *LFDLM : Le français dans le monde*
- *CFC : Cahiers du français contemporain*
- *Calap : Cahiers d'acquisition et de pathologie du langage*, Paris, CNRS-Paris V
- *TDFLE : Travaux de didactique du français langue étrangère*, Montpellier, université Paul-Valéry
- *SSLA : Studies on Second Language Acquisition*, Cambridge University Press
- *AILE : Acquisition et interaction en langue étrangère*, Paris, Encrages (Paris VIII)
- AIDFLM : Association internationale pour le développement de la recherche en didactique du français langue maternelle

N° d'éditeur : 10090852 - 1 - 1,5 - OSB 80 - Alinéa
Imprimé en France par I.F.C. 18390 Saint-Germain-du-Puy
Dépôt légal : décembre 2002 - N° d'imprimeur : 02/1231